CHRISTOPHE BOURSEILLER

EXTRÊME DROITE
L'enquête

ÉDITIONS FRANÇOIS BOURIN
27, rue Saint-André-des-Arts
75006 Paris

EXTRÊME DROITE

A la mémoire de ma grand-mère Eva

A Élisabeth et Jean

Introduction hivernale

Ce fut un hiver où la neige était sale...

Janvier 1991. Un froid vif et persistant s'installe sur toute l'Europe. Mais le monde n'a d'yeux que pour le Moyen-Orient. Quelques jours avant le début de la guerre du golfe Persique, tout espoir semble déjà mort.

Pourtant les cortèges pacifistes se multiplient.

Le samedi 12, plus de 100 000 personnes bravent les intempéries et battent le pavé de Paris, de la Bastille à la place Saint-Augustin.

Largement organisée par le Parti communiste et par la CGT, la manifestation est également soutenue par plusieurs dizaines de mouvements de gauche et d'extrême gauche. Comme à l'accoutumée, le grand rituel des processions se met en branle. Juste avant la banderole de tête, voici le carré des VIP.

Tandis que Georges Marchais, Denis Langlois et Alain Krivine répondent aux questions des journalistes, quelques observateurs particulièrement physionomistes constatent avec étonnement la présence d'un grand type barbu aux airs d'intellectuel. A moins de dix mètres d'Henri Krasucki, un théoricien d'extrême droite, Alain de Benoist, est en train de défiler contre l'engagement militaire de la France face à l'Irak. Interrogé par le quotidien *Libération* sur sa présence pour le moins surprenante, il rigole : « C'est un peu nouveau pour moi, mais la crise du Golfe a fait sauter tous les clivages » (*Libé-ration* du 14 janvier 1991). Voire. Il y a là comme un début de «voyage en Absurdie», pour reprendre l'expression d'un militant droitiste[1].

Que vient faire le principal idéologue de la Nouvelle Droite aux côtés des groupes de gauche? A-t-il prudemment tourné casaque? Ou est-il devenu fou?

Plus diffuse, plus inquiétante, la réalité est le postulat même de ce travail. L'attitude d'Alain de Benoist est emblématique. Elle révèle un phénomène de fond. Une évolution nette et tranchante. L'extrême droite des années 90 a-t-elle changé? Et si nous avions un train de retard? Et si notre regard de démocrates n'arrivait pas à percevoir cette ultime mue? Que se passe-t-il tout au fond du couloir à droite?

Élections européennes de 1984 : 11,1 %.
Élections législatives de 1986 : 9,8 %.
Élection présidentielle de 1988 : 14,5 %.
Élections européennes de 1989 : 11,73 %.

On pourrait égrener longtemps la litanie des scores qui jalonnent la montée lepéniste. Depuis le fameux « coup de tonnerre » de Dreux en 1983, qui voit l'entrée de Jean-Pierre Stirbois à la mairie, en compagnie de deux de ses amis politiques, tous les commentateurs s'accordent pour observer que, pour la première fois depuis les années 40, l'extrême droite fait sur le plan électoral une percée durable.

La montée du Front national est certes relative. Il suffit pour s'en rendre compte d'observer la courte liste qui précède. Il est visible que les 14,5 % de 1988 ont un caractère épidermique. Il s'agit d'une poussée de fièvre électorale, qui ne se confirme pas dans les scrutins nationaux suivants.

Sur le plan local, la réalité est tout autre. Comme l'écrit Alain Rollat dans *le Monde* du 6 janvier 1989, «plus les campagnes électorales revêtent un caractère

personnalisé, plus les effets de la démagogie lepéniste sont dévastateurs ». En d'autres termes, les élections législatives ou municipales permettent au FN d'atteindre des scores inouïs :
— législative partielle de Dreux en 1989 : 61 % ;
— municipale partielle de Clichy-sous-Bois en 1990 : 30,1 % ;
— cantonale partielle à Bordeaux en 1990 : 20 %.

La conclusion est donc lumineuse. L'extrême droite connaît une poussée, fruit de la fièvre et de la démagogie. C'est une faiblesse, qui est compensée par une force inédite : l'élaboration stratégique de longue durée.

L'équipe dirigeante du Front national a longuement étudié les caractéristiques du vote lepéniste. Tout son travail consiste à dépasser le stade du « réactionnel » pour stabiliser l'électorat. Il s'agit concrètement d'aller au-delà de l'humeur pour éviter que le feu d'artifice frontiste ne ressemble au pétard mouillé poujadiste des années 50. Y parviendra-t-elle ?

Discrets ou tapageurs, tous les sondages actuels indiquent en tout cas la même direction : ils confirment la progression, pour l'instant continue, du Front national.

Il serait bien sûr tentant de lever les bras au ciel. Et de se lamenter. Qu'avons-nous fait pour en arriver là ? Sommes-nous tous responsables ? Qu'on nous désigne le coupable !

A dire vrai, la question la plus posée durant les années 80 est sans doute celle qui tente de déterminer le pourquoi de la montée de Le Pen. Je n'ai pas l'intention de discuter ici les différents facteurs avancés par les analystes. Tous recèlent sans doute une parcelle de vérité. C'est un puzzle, dont il devient urgent de rassembler les morceaux. L'exposé des causes tient globalement en sept points :

Point 1 : L'arrivée de la gauche au pouvoir en 1981 aurait suscité un sentiment de peur inconsciente, qui profiterait à un populisme droitier.

Point 2 : François Mitterrand et la gauche socialiste seraient responsables, ils auraient laissé le FN prospérer pour mieux dynamiter la droite libérale.

Point 3 : La droite modérée serait la seule coupable : elle aurait favorisé l'émergence d'une droite dure en glissant progressivement vers le centre, et en perdant sa spécificité.

Point 4 : La permanence de l'immigration et le dépassement du « seuil de tolérance » seraient à l'origine du phénomène.

Point 5 : L'appauvrissement de la société française aurait généré toute une catégorie de citoyens en rupture avec le mythe de l'abondance et prêts à suivre toutes les expériences « hors normes ».

Point 6 : La démocratie française connaîtrait une grave crise d'identité, qui profiterait à ses détracteurs.

Point 7 : L'écroulement de l'espérance communiste et la crise idéologique de la gauche laisseraient vacant le créneau « antisystème ».

Toutes ces explications, toutes ces causes, valent ce qu'elles valent. On peut y adhérer en bloc ou les rejeter en partie. Depuis 1983 (et l'élection de Dreux), elles génèrent thèses et contre-thèses, syllogismes et scolies.

Sans aller contre ces doctes interprétations, il est permis de s'interroger : et si nous passions à côté du phénomène ? A vouloir expliquer la montée nationaliste par des causes externes, peut-être oublions-nous tout simplement d'observer l'extrême droite. Si elle monte, peut-être porte-t-elle *en elle-même* la clef de son ascension.

Sans nier la valeur des multiples explications qui tentent d'élucider le mystère, j'ai choisi de poser ici, sans fioritures, une question simplissime : si l'extrême droite française fait preuve d'une étonnante vitalité, si elle connaît depuis le début des années 80 une montée inexorable, est-ce parce qu'elle a changé ?

L'interrogation est certes fort délicate, mais elle est

nécessaire. Soyons réalistes : la présence d'un théoricien comme Alain de Benoist dans une manifestation de gauche est évidemment un indice.

L'extrême droite a-t-elle évolué ? Si oui, quelle est la vraie nature de cette évolution ? Pour le savoir, une seule solution s'impose. Enquêter en profondeur sur les idées des différents courants. Beaucoup de livres paraissent, qui narrent en détail les rivalités entre les divers groupuscules nationalistes et l'histoire mouvementée du militantisme d'ultradroite. Mon propos est différent et complémentaire. Il s'agit d'essayer de déterminer ce que veulent exactement ceux qui se réclament de l'extrême droite. Où en est ce courant de pensée ? Deux directions nous guideront. D'abord, dans quelle mesure le nationalisme a-t-il pu évoluer pendant les trente dernières années ? S'agit-il d'une évolution idéologique, ou purement dialectique ? Y a-t-il du neuf, ou simplement un ravalement de façade ? Pour mettre en lumière le phénomène, il faut dégager des tendances d'ensemble.

Mais comme la réalité est toujours plus complexe que la tendance, notre deuxième démarche consiste à dresser un tableau complet des différents courants de pensée situés à l'extrême droite. Car si l'on décolle la très commode étiquette, on s'aperçoit qu'il existe aujourd'hui en France dans ce secteur au moins onze « familles » idéologiques : le frontisme (en référence au Front national), le néo-droitisme (qui regroupe les diverses branches de la Nouvelle Droite), le nationalisme révolutionnaire, le national-communisme, le traditionalisme révolutionnaire, l'anarchisme de droite, le nationalisme classique, le néo-nazisme, le royalisme, le traditionalisme catholique et le national-conservatisme. Chacun de ces courants représente une sensibilité spécifique, organisée soit autour de mouvements politiques, soit autour de revues ou de maisons d'édition.

En fait, la diversité est si manifeste qu'il y a de quoi tiquer. Peut-on légitimement fourrer dans un même sac les catholiques traditionalistes et les néo-nazis, les royalistes et les nationalistes révolutionnaires ? Il est vrai que, vue sous cet angle, l'extrême droite apparaît comme une véritable auberge espagnole. L'appellation est elle-même fort discutable, puisque la plupart des gens qu'elle regroupe récusent le parlementarisme et se situent « en dehors » du clivage gauche-droite.

Sans tomber dans un grossier amalgame, nous pouvons néanmoins définir l'objet de notre étude de la manière suivante :

1. Le trait commun de toutes les idéologies arbitrairement classées à l'extrême droite, c'est l'attachement à l'identité, et principalement à l'identité nationale. Il peut aussi s'agir d'une identité ethnique, raciale ou culturelle. Cet attachement est vécu comme un rejet du « mondialisme » et du « cosmopolitisme ». Que l'on prône l'aristocratie indo-européenne ou le socialisme « national », on se réfère de toute façon à un terreau identitaire. Les prolétaires, et les autres, ont une patrie.

2. Cet enracinement détermine un rapport étroit au passé, vécu comme référence à un ensemble de traditions. Dans le cas des royalistes, le passé monarchique remplit tout l'espace idéologique. Il s'agit essentiellement de restaurer un ordre immuable. Certains nationalistes veulent au contraire une deuxième Révolution française. Mais la démarche n'est pas fondamentalement différente. La révolution vise ici à redonner au peuple un cadre naturel, conforme à sa tradition « authentique », c'est-à-dire païenne.

3. L'extrême droite se définit aussi comme antimatérialiste. Elle a une vision spirituelle de l'histoire et du monde, par opposition au matérialisme historique et au capitalisme libéral, qui postulent la primauté de l'économique sur le politique.

4. Elle affirme l'inégalité entre les hommes. Les hommes ne naissent pas égaux. Cette conception pessimiste détermine largement le rejet d'ensemble de la démocratie, et l'affirmation d'une nécessité d'ordre.

Nous définissons donc globalement l'extrême droite comme nationaliste et identitaire, traditionaliste, antimatérialiste, et inégalitariste antidémocratique. Ce tableau est sans doute sommaire. Il constitue un point de départ, une base sur laquelle il est possible de s'appuyer pour déterminer des différences spécifiques.

On l'aura compris, la réalité de l'extrême droite est infiniment plus complexe et plus diffuse que nous ne le croyons en général. C'est qu'il y a brouillage. L'ultra-droite des années 90 a souvent troqué ses rangers pour un sourire enjôleur. Riche de ses succès, elle tente de s'éloigner des stéréotypes de l'antifascisme coutumier. Skinheads agressifs et concierges alcooliques constituent certes toujours une partie de la clientèle nationaliste, mais ils ne sont plus représentatifs. Ils sont aujourd'hui noyés dans la masse.

Ce livre est donc une tentative d'opération vérité sur les idées de l'extrême droite. Pour conjurer un péril, il faut en avoir une vue clinique et objective. Sans tomber dans le piège de la complaisance, ni céder à l'instinct de la polémique, il s'agit tout simplement d'exposer, de l'extérieur, ce que pense aujourd'hui l'une des forces montantes de la vie politique française.

Ce qui revient à suivre les traces de Spinoza, qui nous donne à entendre ces paroles opératives : « Ni rire ni pleurer, mais comprendre. »

PREMIÈRE PARTIE

L'EXTRÊME DROITE A-T-ELLE CHANGÉ ?

Si d'aventure un ancien soixante-huitard lisait le numéro de juin 1989 de *Révolution européenne*, l'organe du mouvement nationaliste révolutionnaire Troisième Voie, il tomberait sans doute des nues. Sur une pleine page, un certain Jacques de Branne rend un vibrant hommage à... Che Guevara, sous un titre hautement provocateur : « Che Guevara, un fasciste qui s'ignorait ». On y apprend que le Che serait devenu une véritable référence idéologique de l'extrême droite : « C'est vrai que la jeune génération de ce qu'on ne doit même plus appeler la droite nationale, parce qu'elle projette désormais son nationalisme français aux dimensions de la Grande Europe, et parce qu'elle est tout sauf une roue de secours pour le char à bœufs de la droite, cherche sans complexe des exemples, des références, des points de repères chez tout ce qui a tenté depuis 1945 de secouer le joug soviéto-américain scellé à Yalta, de réveiller la torpeur des peuples, de faire passer le vent libérateur de l'authenticité sur la plaine de tous les continents. » Que voilà une logique pragmatique ! Sur une telle base, toutes les récupérations ne sont-elles pas envisageables ?

On peut quand même rester songeur. Il y a vingt ans, il eût été impensable qu'un journal néo-fasciste rende hommage à un militant de gauche. Mais, aujourd'hui, tout a changé. Estimant que Che Guevara aurait « refusé de se rallier au communisme », Jacques de Branne en fait carrément « le plus important fasciste mondial depuis Benito Mussolini ». Dans le genre provocateur, on peut difficilement aller plus loin. Reste une question importante : comment un nationaliste peut-il en venir à se réclamer d'un des principaux modèles de la génération de Mai 68 ?

On peut avancer deux types de réponses.

Il est d'abord évident que l'extrême droite a appris la dialectique. Il est fini le temps des « fachos » aux gros sabots. Le texte de Jacques de Branne est conçu pour déstabiliser l'adversaire. La stratégie est simple : il s'agit de reprendre à son compte les idées de l'autre, en les extrayant de leur contexte, en les relisant différemment, ou même parfois en les déformant.

Mais il est clair aussi que, dans la théorie nationaliste révolutionnaire, un militant qui s'oppose à la fois au capitalisme américain et au communisme, qui tend à développer un socialisme propre au continent latino-américain, rejoint la thèse néo-fasciste de la « troisième voie ». Les militants nationalistes révolutionnaires se définissent comme « terceristes », en référence à cette fameuse troisième voie qui rejette à la fois le modèle capitaliste et l'espérance communiste.

La situation est donc fort ambiguë. Les nationalistes sont-ils devenus guévaristes, ou jouent-ils habilement sur les mots pour mieux faire passer leur message ? Il n'y a pas de miracle. On peut affirmer avec certitude que l'extrême droite a beaucoup évolué depuis vingt ans sur le plan dialectique. Elle a appris à distiller son message.

Elle a aussi bougé sur le terrain idéologique, mais de façon moins visible, et nettement moins profonde. On ne peut pas dire qu'elle ait révisé ses concepts fondamentaux.

Il y a donc une *très nette* évolution du discours, qui s'accompagne d'une *certaine* évolution doctrinale. Les deux s'entremêlent, ce qui laisse le champ libre à l'ambiguïté. C'est justement cette brume que les nationalistes entretiennent à plaisir.

Mais d'où vient le processus d'évolution ? Est-il né *in vitro* dans quelque obscur laboratoire néo-nazi ?

Pas vraiment.

L'extrême droite contemporaine est en réalité largement tributaire de ses échecs passés et des leçons qu'elle a dû en tirer. Sa forme actuelle est le fruit d'une lente maturation, qui prend essentiellement sa source en 1962, date de l'indépendance de l'Algérie. Durement touchée par l'échec de l'Organisation armée secrète et du combat pour l'Algérie française, l'extrême droite ne va plus cesser de descendre, à mesure que s'écoulent les années 60 et 70. Or elle mettra justement à profit ce purgatoire pour se ressourcer dans l'adversité.

J'ai choisi d'illustrer le phénomène en partant d'un point d'ancrage historique particulièrement significatif : les événements de mai 1968. Survenant après 1962, puis après le faible score du candidat Jean-Louis Tixier-Vignancour lors de l'élection présidentielle de 1965[2], Mai 68 marque symboliquement pour l'ultradroite une sorte d'année zéro. Non seulement les mouvements nationalistes représentent un potentiel ridiculement faible, mais tout le champ culturel est alors dominé durablement par des idées venues de la gauche. La défaite est donc totale. Elle marque le nadir d'une traversée du désert qui dure jusqu'au début des années 80, et qui coïncide exactement avec la mise en place des thèmes qui touchent aujourd'hui une partie de l'opinion.

Notre voie est donc tracée. Partant du « mois des barricades », nous essaierons d'observer, d'une part, l'évolution du discours, et, d'autre part, celle des idées, en essayant d'en démêler l'écheveau.

1.

Le réarmement dialectique

1968 : l'année zéro

Lorsque éclate la crise de mai 1968, l'extrême droite française est une force quasi inexistante. Trois petites organisations rassemblent de maigres troupes : dominée par Jean-Louis Tixier-Vignancour, l'Alliance républicaine pour les libertés et le progrès joue une carte strictement électorale, modérée, centriste, et fortement atlantiste. Sa principale activité consiste à impulser un Front national anticommuniste, qui vise principalement à soutenir l'intervention américaine au Vietnam.

Nettement plus activiste, le mouvement Occident est une force essentiellement étudiante. Peu porté sur la doctrine, il multiplie commandos et mini-manifestations anticommunistes. Son côté chahuteur lui vaut une audience relative au Quartier latin.

Il est talonné sur le terrain de l'action par les royalistes de la Restauration nationale. Mieux armés sur le plan théorique, ceux-ci sont aussi nettement plus « bon-chic-bon-genre ».

Précisons que, dans l'ensemble, les effectifs des différents groupes sont extrêmement réduits. Comme l'écrit à l'époque un militant néo-fasciste, François Duprat, « la faiblesse numérique de l'opposition nationale l'empêchait de jouer un rôle autonome, aussi bien dans le camp de l'ordre que dans celui du drapeau rouge » (*les Journées de Mai 68, les dessous d'une révolution*, Nouvelles Éditions latines).

Plus grave : cette faiblesse quantitative s'accompagne d'une grande incertitude idéologique. Face au mouvement de mai, l'extrême droite a du mal à réagir de façon cohérente. Hostile au régime gaulliste, elle pourrait voir d'un bon œil une contestation généralisée du système. L'ennui, c'est que la vague du printemps s'appuie essentiellement sur des valeurs de gauche, d'inspiration marxiste ou libertaire.

Très vite, les groupes nationalistes vont instinctivement choisir leur camp. Celui de l'ordre gaulliste et de la fameuse « majorité silencieuse ». Tout au long de la crise, les groupes d'extrême droite n'ont qu'une seule attitude : ils s'insurgent contre les étudiants. Leur plus importante « démonstration de force » se déroule le 13 mai. Quelques jours auparavant, le 7 mai, des étudiants grévistes ont uriné sur la flamme du Soldat inconnu. Pour Occident et les autres, c'est une profanation. Fait symptomatique : la manifestation nationaliste se greffe sur une cérémonie très officielle, en présence de M. Duvillard, ministre des Anciens Combattants.

Lorsque les activistes d'extrême droite décident de descendre les Champs-Élysées, leurs slogans sont sans équivoque : « La France aux Français », « Cohn-Bendit à Berlin », « Fusillez Cohn-Bendit », et « L'UNEF à Pékin ». Prenant la parole, un responsable d'Occident [3] enfonce le clou : « Nous avons affaire à des meneurs de la subversion. Hier, c'était un petit groupe d'anarchistes. Aujourd'hui, le PC a pris la tête. Ils préparent un coup de force. L'heure est grave. Nous n'admettrons jamais la dictature marxiste » (*le Monde* du 15 mai). Combien peuvent être les manifestants ? Un millier ? Au même moment, plus de 300 000 personnes défilent dans Paris à l'appel des organisations syndicales et des partis de gauche.

L'extrême droite a donc choisi le camp du régime. A partir du 13 mai, elle multiplie les petits coups de force, dans un triangle géographique bien précis qui est principalement celui des beaux quartiers : Champs-Élysées, Concorde, Madeleine. Le 20 mai, des militants monarchistes et nationalistes manifestent aux portes de l'Institut d'études politiques pour exiger la fin de la grève. Le même jour, ils s'en prennent aux grévistes de l'Olympia et de l'Opéra. Ils enfoncent ensuite les grilles de la gare Saint-Lazare, retirent le drapeau rouge et accrochent un drapeau tricolore.

Cette attitude de soutien à l'État culmine le 30, lorsque les nationalistes rejoignent le gigantesque cortège gaulliste qui proclame sur les Champs-Élysées (encore !) son hostilité au mouvement de mai. Moins de dix ans après le putsch des généraux en Algérie, croix celtiques et croix de Lorraine se mêlent sans complexes, sous la bannière du grand parti de la Peur.

Pourtant l'extrême droite n'est pas tout à fait unanime. Çà et là, des militants isolés font entendre un autre son de cloche. Le 24 mai, *le Monde* publie un appel de Jean-Marc Varaut, président du club Réalités nouvelles, et de Pierre Debray, directeur du Centre Sainte-Geneviève : « Contre la société de consommation, contre la société bureau-technocratique, nous nous rangeons délibérément aux côtés des étudiants de la Sorbonne et des ouvriers de chez Renault. » Dans *le Monde* du 25, on trouve une déclaration encore plus étonnante. L'ex-capitaine Pierre Sergent, condamné à mort par contumace depuis le putsch d'avril 1961, envoie un communiqué au nom du Conseil national de la révolution clandestin, qui affirme avoir pris la suite de l'OAS : « Le CNR estime que les revendications de l'ensemble des travailleurs, des étudiants et des enseignants sont légitimes. »

Il y a donc un net flottement. La Restauration nationale prend alors une position médiane, qui consiste à faire une sorte de critique positive de la contestation. Dès le 16 mai, Pierre Pujo, dans *Aspects de la France*, appelle les étudiants à porter leurs coups contre « les éléments pourris de la société, en premier lieu la démocratie. [...] Nous allons plus loin que les Cohn-Bendit et consorts : nous remettons en cause les principes mêmes de la démocratie, dont les anarchistes contestent seulement les effets ». Reste que, sur le terrain, l'extrême droite se borne à lutter contre la grève.

Mai 68 aura cependant un curieux effet d'électrochoc. Beaucoup de nationalistes s'aperçoivent que la jeunesse ne les suit plus. Que les valeurs de gauche ont envahi le champ culturel. Si elle veut survivre face à la vitalité de la gauche, l'extrême droite doit forcément se renouveler.

De 1968 à 1973 : haine fascinée et soutien critique

Mais dans la période qui suit les « événements », elle ne bouge pas. Seul fait significatif : la formation en avril-mai 1968 du Groupement de recherche et d'étude pour la civilisation européenne. Créé notamment par Alain de Benoist, Jacques Bruyas, Jean-Jacques Mourreau et Jean-Claude Valla, il annonce l'émergence de la « Nouvelle Droite », qui contribuera de façon essentielle au renouvellement de l'extrême droite.

En attendant, au sortir de Mai 68, le nationalisme apparaît comme une force en voie de disparition. Peu remercié par le pouvoir pour son combat antigauchiste, le mouvement Occident est dissous le 31 octobre 1968, après une série de commandos et d'attentats. Petit groupe activiste, essentiellement étudiant, il est remplacé en septembre 1969 par un projet plus ambitieux : Ordre nouveau, qui se veut alors l'embryon d'un parti nationaliste. Mais la nouvelle formation va en fait répéter les erreurs stratégiques d'Occident, ce qui entraînera sa dissolution le 28 juin 1973.

Le bilan est donc négatif : de 1968 à 1973, l'extrême droite semble vouée non seulement à répéter ses tics, mais encore à disparaître purement et simplement du paysage politique français.

Face à la domination idéologique de la gauche, elle réagit le plus souvent par l'hostilité et le sarcasme. Mais des voix s'élèvent, qui vont modifier cette attitude. On sent poindre, à travers la haine, une véritable fascination. Beau-frère de Robert Brasillach et directeur de la revue *Défense de l'Occident*, Maurice Bardèche en donne un bon exemple dès 1969. Il publie alors aux Éditions des Sept Couleurs un ouvrage théorique : *Sparte et les Sudistes*. Le titre est déjà tout un programme. Il appelle les jeunes néo-fascistes à s'inspirer tout à la fois de Sparte et de l'« exemple » sudiste. Il est intéressant de remarquer que ces deux références idéologiques ont totalement disparu des textes doctrinaux de l'extrême droite. En novembre 1969, le mensuel *l'Élite européenne* publie quelques « bonnes feuilles » du livre de Bardèche. L'écrivain commence par exposer le pourquoi de son livre : « Ce que j'appelle Sparte, c'est la patrie où les hommes sont considérés en raison de leurs qualités viriles, qui sont mises au-dessus de toutes les autres. Ce que j'appelle les Sudistes, ce sont les hommes qui s'efforcent de vivre selon "la nature des choses", qu'ils ne prétendent corriger qu'en y ajoutant de la politesse et de la générosité. » On notera au passage que, pour Maurice Bardèche, l'esclavage des Noirs correspond à « la nature des choses ». Le théoricien néofasciste développe donc une conception dominante de la race blanche. Plus loin, il aborde la question des militants d'extrême gauche : « Le non-conformisme et les qualités viriles, que la société moderne abhorre, ne sont plus encouragés que dans les groupes qui rejettent l'esprit de la société de consommation. Et il importe peu que ces groupes soient dits de droite ou de gauche. Sous des drapeaux opposés, ils fabriquent le même homme : leurs militants qui se combattent ont certainement plus d'affinités entre eux qu'avec les alliés que la politique leur donne. » Au nom d'un nationalisme élitaire et raciste, Bardèche estime que tous les mouvements opposés au système sont positifs, quelle que soit leur idéologie. Écrit en pleine période post-soixante-huitarde, le texte indique une voie stratégique nouvelle. Mais, dans la pratique, rien ne bouge.

Tout au long de son histoire, le mouvement Ordre nouveau répète l'attitude d'Occident : violence anti-gauche, soutien à l'intervention américaine en Indochine et compromissions diverses avec l'État pompidolien.

A cette époque, c'est du royalisme que viennent les idées neuves. Au printemps 1971, la Restauration nationale traverse une grave crise intérieure. Une forte minorité de jeunes militants et une partie non négligeable du comité directeur d'Action française quittent la « vieille maison » pour fonder la Nouvelle Action française. Le trait principal de la NAF est alors sa fascination pour le mouvement de mai. Là où la Restauration nationale prône la « lutte contre la subversion », la NAF se réclame ouvertement des valeurs de 1968.

Dans une brochure publiée en 1972, *la NAF et le gauchisme*, le mouvement monarchiste explique que le gauchisme lui semble constituer une critique vivante du marxisme. Comme l'écrit Gérard Leclerc : « Il serait stupide de ne pas voir le côté positif du gauchisme. En faisant sauter le carcan idéologique du marxisme, en donnant la primauté à la subjectivité, en donnant à l'art une fonction privilégiée, il est certain qu'il a joué un rôle libérateur. » Mais, un peu plus loin, le dirigeant de la NAF retombe dans un discours traditionnel : « Pourtant le gauchisme, malgré ses intuitions remarquables, pourrait bien constituer une subversion plus grande encore que le marxisme qu'il a contribué à tuer. En faisant du surréalisme une philosophie et une politique, il a mené à son terme le projet métaphysique de la révolution qui veut que l'homme réduit à sa seule subjectivité soit la mesure de toute chose. Il y a dans ce principe véritablement luciférien de quoi faire sauter la planète. »

Ce texte est important. Il indique clairement que le gauchisme dont parle la NAF n'a rien à voir avec les différentes idéologies d'extrême gauche qui connaissent alors leur apogée. Il s'agit plutôt d'un indéfinissable

« esprit de mai », dont les caractéristiques pourraient être la dimension dyonisiaque et la créativité surréaliste. Le groupe dissident de la Restauration nationale apporte un soutien critique à une ambiance, un fantasme. Le gauchisme, vu par le monarchisme, est l'alliance du surréalisme et de la fête. La démarche de la NAF est assez spécieuse. Souvent qualifiés de « mao-rassiens » par leurs rivaux d'extrême droite, les nafistes soutiennent les luttes de l'après-soixante-huit au nom du « retour de l'utopie », et tentent en permanence de les dévier vers l'idée monarchiste. Au bout du compte, c'est le contraire qui s'est produit. Évoluant toujours plus avant vers la gauche, la NAF a progressivement abandonné le camp de l'extrême droite. Elle existe encore aujourd'hui sous le nom de Nouvelle Action royaliste. Proche de François Mitterrand et de Juan Carlos, elle souhaite « royaliser la démocratie », et paraît avoir abandonné l'héritage historique de l'Action française.

Entre fascination et soutien critique, l'extrême droite du début des années 70 ne sait toujours pas trouver ses marques dans un paysage politique dominé par les retombées de 68.

A partir de 1973 : l'évolution dialectique

Après la dissolution d'Ordre nouveau en 1973, une page semble être tournée. Beaucoup de militants se détournent d'un certain « militarisme » pour acquérir une stature respectable. Tout au long des années 70, deux mouvements rivalisent et tentent de prendre le contrôle d'un courant de pensée encore très marginal : le Front national et le Parti des forces nouvelles. Sans entrer dans les détails d'une histoire fertile en rebondissements, on peut noter entre les deux groupes quelques différences spécifiques qui nous intéressent au plus haut point.

Le PFN développe une double démarche : il veut redonner une culture à la droite, et s'intégrer en quelque sorte au jeu des grands partis. Il va donc multiplier les initiatives culturelles et artistiques (organisation de colloques politiques, d'un festival du «cinéma de droite», etc.), tout en passant des accords plus ou moins ouverts avec la majorité giscardienne.

A l'inverse, le Front national joue systématiquement la carte de l'intégrité. Il refuse toute récupération, et campe en solitaire sur la barricade nationale.

On sait aujourd'hui que cette stratégie isolationniste se révélera payante. Car là ou le PFN semble se dissoudre dans la mouvance floue du conservatisme droitier, le FN reste strictement identitaire, et refuse absolument tout accord avec les partis traditionnels. Il tente de s'ériger en une sorte de troisième voie entre droite libérale et gauche. Sur le terrain il reste farouchement indépendant. Ce discours contraste non seulement avec celui du PFN, mais aussi avec celui de l'extrême droite de la période soixante-huitarde.

Les courants nationalistes profitent en tout cas de la traversée du désert des années 70 pour se redéfinir en profondeur. Ayant reconquis leur indépendance par rapport au conservatisme néogaulliste, ils entament une lutte pied à pied contre la domination des idées de 68.

A cette époque, et pour la première fois, une nouvelle stratégie apparaît : le retournement dialectique des thèses de l'adversaire. Un pamphlet édité en 1977 par le Cercle culture et liberté pour une Europe libre et unie peut ici nous servir de fil conducteur. L'auteur en est Georges Gondinet, actuel animateur des Éditions Pardès et intellectuel traditionaliste révolutionnaire. Sa brochure, mise en vente dans les librairies d'extrême droite, s'intitule : *la Nouvelle Contestation.*

Gondinet se place d'emblée dans le camp de la contestation, alors réservé à la gauche. Mieux : il traite le gauchisme de «maladie infantile du capitalisme», reprenant à son compte la formule de Lénine dans son texte : *le Gauchisme, maladie infantile du communisme.* Il y a ici transgression d'un tabou. Dans les années 60 et 70, l'anticommunisme viscéral est si ancré à l'extrême droite qu'il paraît impensable d'évoquer ou de citer un auteur communiste.

Pourtant Gondinet va encore plus loin. Il estime que le gauchisme s'est transformé, d'un extrémisme communiste, en un « pur produit du capitalisme finissant ». L'auteur le regrette. Il préfère un communisme extrême, mais opposé au monde occidental, au gauchisme « décomposé » de la contre-culture : « Si la conception du gauchisme est marxiste, son adoption est démocratique. D'apparition orientale, son essor est occidental. [...] Du reste, le gauchisme ne tend aucunement vers l'Union soviétique, mais vers la Californie. »

En d'autres termes, le militant nationaliste doit tout autant lutter contre l'influence américaine que contre le marxisme. Plus étonnamment : il y a dans le communisme une dimension positive parce que anti-occidentale.

Le gauchisme est-il un allié inconscient du capitalisme ? « Il y a maints exemples de cette collusion tacite existant entre le gauchisme et le capitalisme. Ainsi, le désarroi provoqué par Mai 68 ne vient pas de l'inattendu, mais bien de la gêne. On ne peut s'étonner que dans chaque pays démocratique où eurent lieu des révoltes étudiantes, l'ordre établi fut le seul gagnant. »

Si « les institutions contestées se consolidèrent », c'est une preuve de l'inefficacité congénitale du gauchisme.

Empruntant à la terminologie marxiste et aux textes situationnistes, Gondinet résume sa position par une formule lapidaire : « Le gauchisme : misère de la contestation plus que contestation de la misère. »

Avec le recul, on mesure aisément l'importance de cette brochure. Inauguré ici, le procédé dialectique du retournement du discours de l'adversaire va faire fortune. Son intérêt est double : il coupe l'herbe sous les pieds des antifascistes, tout en plaçant les extrémistes de droite sur le terrain de la contestation révolutionnaire.

Exposant son programme, l'animateur du Cercle culture et liberté propose d'ailleurs un véritable dépassement du gauchisme : « Pour combattre l'humiliation dans laquelle nous tient le monde des vieux [*sic*], des séniles, pour répondre au défi que nous jette le monde des partis, des grands journaux et du progressisme, pour dissiper le mirage de l'univers des congés payés, des assistantes sociales et de la planification du bonheur, il faut à tout prix faire retour aux valeurs traditionnelles, se ressaisir dans un petit nombre, reprendre conscience au cœur de l'adversité. (...) Redécouvrir la solidarité et l'hospitalité, retrouver l'éternité dans l'instant, la fierté, l'unité, et le détachement, voici la libération. Laissons les rivages du monde du ressentiment que viennent mordre les marées de la dissolution. Il existe quelques survivants au milieu des morts vivants, quelques grands hommes retenant l'assaut des derniers hommes. Il reste quelques hommes libres au milieu des nouveaux esclaves. »

Trois traits se dégagent ici :
a) l'auteur use de tournures poétiques inspirées du « lyrisme des barricades » ;
b) il mélange sciemment des expressions venues du gauchisme et des aspects de l'idéologie néo-fasciste ;
c) il reprend à son compte la critique de la vie quotidienne et de la « société du spectacle », élaborée au cours des années 60 par les situationnistes.

En conclusion, Georges Gondinet appelle à une « stratégie de rupture » avec le système, et se définit lui-même comme « anarchiste de droite » (voir dans la troisième partie le chapitre sur « L'anarchisme de droite »). « Anarchiste » parce que contestataire, ennemi de l'ordre établi. « De droite », parce qu'il se réclame en fait de la droite radicale, et principalement du penseur italien Julius Evola, sur lequel nous reviendrons plus loin.

Ce texte nous semble en tout cas essentiel. Il pose les premiers jalons d'une stratégie qui démontre aujourd'hui son efficacité.

Le choix des mots

On peut dire sans grand risque d'erreur que la pratique de la dialectique est devenue un des traits les plus caractéristiques du discours de l'extrême droite française. Elle s'effectue en général de deux façons :

1. On reprend à son compte les thèses de l'autre.
2. On lui retourne les attaques dont on fait l'objet.

Comme l'autre est la gauche, ou plus généralement l'esprit démocratique, celui de 1968 en tant qu'il imprègne encore le champ culturel et politique, il s'agit d'abord de se définir par rapport à lui.

C'est là que jouent d'habiles ressorts. Partant du point de vue que toute contestation est récupérable, même si elle vient de l'autre bord, on met systématiquement au service de l'extrême droite un vocabulaire forgé par le gauchisme. Revue catholique et nationaliste, *Lecture et Tradition* consacre ainsi l'éditorial de son numéro de mars 1988 à « La culture look ».

Pour illustrer un propos qu'on imagine fort peu marxiste, Jean-Baptiste Geffroy n'hésite pas à citer élogieusement un célèbre théoricien communiste : « Antonio Gramsci, un des plus brillants disciples de Lénine, avait déjà mis en valeur l'importance du fait culturel dans la stratégie révolutionnaire. Les sociétés modernes ont en effet perdu depuis longtemps le moteur traditionnel de la révolution : le prolétariat industriel. Il leur en fallait un nouveau, ce sera le prolétariat culturel. La culture soixante-huitarde s'était affichée comme l'antithèse de la culture bourgeoise. La nouvelle culture se présente comme synthèse de ces affrontements, un lieu de consensus et de rencontre aux formidables capacités neutralisantes. Les soixante dernières années ont été celles des affrontements idéologiques. Les prochaines seront celles de leur lente dilution dans ce qu'on pourrait appeler le neutralisme culturel. »

La lutte contre la société de consommation, rebaptisée « culture look », devient un combat de droite. Mieux, le « consensus mou » que fustige Geffroy est présenté comme l'héritier direct des valeurs de 68. Le mouvement de mai ayant constitué une « fausse contestation », c'est l'extrême droite qui va en quelque sorte reprendre le flambeau. Plus loin, l'auteur se fait le défenseur du tiers monde : « Le drame de cette génération (celle de la culture look), c'est qu'elle imprime à cette culture une tonalité messianique. Elle se place ainsi au centre d'un monde qui n'est perçu qu'à travers le prisme déformant d'une sensibilité naïvement convaincue que ce monde l'accompagne vers cet éden pluriracial et pluriculturel. Elle ne comprend pas qu'au-delà de ses frontières territoriales, sociales et morales, aux portes du vieil Occident décomposé, se presse un autre monde, en pleine ébullition, nourri de stimulants spirituels, armé de la force du nombre, poussé par l'invincible torture de la faim et de la misère, et qui, lui, ne connaît pas de neutralisme culturel. »

Le message est clair : pour faire face au défi du tiers monde, il faut en fin de compte prendre exemple sur lui, puisqu'il a l'avantage de ne pas être anesthésié par le « neutralisme culturel ».

On pourrait multiplier à l'infini les exemples de retournement du discours post-soixante-huitard. L'un des plus criants est donné par Jean-Marie Le Pen lui-même sur la station FM parisienne Radio Courtoisie. Invité de cette antenne en février 1989, il a cette phrase savoureuse, que n'aurait pas reniée Daniel Cohn-Bendit : « La société de consommation est en train d'émasculer la vie. »

La stratégie du retournement ne vise pas uniquement le gauchisme proprement dit, mais la plupart des valeurs de la démocratie, et, bien sûr, de l'antifascisme. En novembre 1988, le Groupe Union Défense sort un éphémère numéro zéro de *Rebelles, mensuel pour une jeune Europe*. Pour l'occasion, la petite ligue étudiante se réclame de... l'esprit de la Résistance : « Se targuer aujourd'hui d'être résistant pourrait prêter à sourire, voire choquer certains, qui regretteraient la tentative avortée d'une Europe unie derrière l'Allemagne. (...) Alors, mettre en avant cet esprit de résistance, c'est résister avant tout à un système qui cache l'essence d'un peuple, son sentiment d'appartenance à un sol et à une communauté culturelle. » En d'autres termes, le GUD appelle à une nouvelle résistance contre les héritiers de la Résistance.

Revue d'inspiration celtique proche de la Nouvelle Droite, *Europa-Diaspad* va encore plus loin, dans sa livraison du deuxième semestre 1988. « Qui sont les collabos ? » interroge l'éditorial. La réponse est lumineuse : il s'agit des anciens soixante-huitards repentis. Pour *Europa-Diaspad*, « l'ancien révolutionnaire est désormais conservateur », et même « collabo ».

Et la revue de conclure avec franchise : « Il nous faut retourner tous ces termes, clefs des mythes qu'entretient le système pour sa survie et contre l'Europe. » Le militant nationaliste va donc se réclamer de la Résistance, de la lutte contre la collaboration, de la démocratie, et, bien sûr... de l'antiracisme.

Comme le titre le mensuel *Chrétienté-Solidarité* de février 1989 : « Racisme anticatholique : trop c'est trop ! » Car l'extrême droite affirme aussi lutter contre le racisme antifrançais, reprenant ainsi à son compte la principale attaque dont elle est l'objet. Elle a fondé dans la mouvance conjointe du Front national et des comités Chrétienté-Solidarité (catholiques traditionalistes) une Alliance générale contre le racisme et pour le respect de l'identité française et chrétienne (AGRIF). Dans un tract largement diffusé en 1989, l'AGRIF explique le sens de son combat antiraciste : « L'AGRIF pourquoi ? Parce que le seul racisme non combattu est le racisme antifrançais. » Concrètement, cette association se veut une sorte d'équivalent nationaliste des grands mouvements antiracistes français (MRAP et LICRA).

Pour justifier des textes et des comportements aussi provocateurs, il est nécessaire de doter les militants d'un outillage dialectique performant. C'est pourquoi les adhérents du Front national ont aujourd'hui à leur disposition une sorte de « novlangue » lepéniste. Au printemps 1990, plusieurs organes de presse[4] rendent public un texte interne du parti lepéniste, émanant de l'Institut de formation nationale, chargé de l'édification des militants. Véritable guide dialectique, il estime tout d'abord que « deux types de mots sont à proscrire : les mots appartenant à l'idéologie marxiste, et les mots appartenant à l'idéologie des droits de l'homme ».

On a vu que, dans la pratique, les mots de l'adversaire sont plus souvent « retournés » que bannis. Mais l'IFN explique qu'il faut reconquérir le vocabulaire : « Aux mots confisqués par l'adversaire, et qui sont autant de symboles, soit du bien (''les travailleurs''), soit du mal (''les patrons''), il faut substituer un autre vocabulaire. » Aussitôt dit, aussitôt fait. Suit une interminable liste de mots « tabous », avec en regard le bon choix linguistique. En voici un échantillon parlant :

A la place des masses, le peuple.

A la place des classes, les catégories socioprofessionnelles.

A la place des travailleurs, les Français.

A la place des luttes, le combat.

A la place du sens de l'histoire, le destin historique.

A la place des forces de progrès, les forces de l'avenir.

A la place des patrons, les employeurs.

A la place des hommes politiques, la nomenklatura politicienne.

A la place de la société, la communauté.

A la place de l'universalisme, le cosmopolitisme.

La liste pourrait encore s'allonger : elle contient plus de cinquante « mauvais » termes. Elle est en tout cas fort révélatrice. On y voit non seulement que l'extrême droite privilégie la dialectique, mais aussi que cette dialectique n'est en rien gratuite. Elle est au service d'une idéologie, d'un appareillage théorique. Il serait donc illusoire de réduire les arguties de l'ultradroite à un simple jeu de virevolte littéraire. L'appropriation par les nationalistes de la dialectique va de pair avec une évolution proprement théorique.

2.
L'affinement théorique

Réflexe ou réflexion ?

Un spectre hante l'extrême droite : celui de la non-pensée. L'engagement politique y est très souvent viscéral. Il est dicté, non par une réflexion, mais par des réflexes : rejet du « métèque », du communiste, du juif, etc. L'obsession des cadres nationalistes, c'est le dépassement du viscéral. Pour perdurer, l'ultradroite sait qu'elle doit donner un corpus idéologique à ce qui n'est au départ qu'un instinct réactionnaire.

Dans les années 60, cette faiblesse congénitale est particulièrement spectaculaire. Surtout après la défaite de l'Algérie en 1962. Quelques organisations s'emploient alors à réétudier les textes. Dans la période qui précède 1968, deux centres sont à l'œuvre : le mouvement Europe-Action pose déjà les bases de ce qui deviendra la Nouvelle Droite. Désireux de tirer les leçons de l'échec du combat pour l'Algérie française, il met en place la charpente théorique de ce qui deviendra le nationalisme révolutionnaire. Plus traditionnelle, la Restauration nationale maintient l'héritage de Charles Maurras.

Il faut dire qu'à l'époque les références politiques sont plutôt fluctuantes. Lorsqu'on feuillette l'ensemble de la presse nationaliste de l'année 1968, on relève des références à des gens aussi divers que le président du Portugal, Salazar, le théoricien de la Phalange espagnole, Primo de Rivera, Bardèche, déjà cité, ou encore Maurras. A titre de comparaison, nous sommes très loin de l'édifice « monolithique » dont se réclame l'extrême gauche (Marx, Engels, Lénine, Trotski, Rosa Luxemburg, etc.).

L'extrême droite est donc idéologiquement peu solide. Elle est d'autant plus fragile que l'engagement s'y fait, nous l'avons dit, essentiellement par réflexe. Un autre phénomène l'empêche d'évoluer sur le plan théorique. Dans plusieurs pays du monde, elle est au pouvoir : l'Espagne, la Grèce ou le Portugal apparaissent aux yeux du grand public comme des régimes « fascistes ».

Ce « nationalisme réel » est à la fois un avantage et un handicap. Sur le plan matériel, il offre aux militants une base de repli et de propagande. De nombreux activistes de l'OAS sont réfugiés en Espagne et au Portugal. Des journaux, des radios et même une agence de presse diffusent l'idéologie néo-fasciste depuis la Grèce et le Portugal. Mais, en même temps, ce lien établi avec des États existants contribue à maintenir un certain aspect « démoniaque ». Depuis 1945, l'extrême droite est largement confondue avec Hitler et le nazisme. Le soutien d'États fascistes, pratiquant la torture et réprimant les opposants, ne fait que renforcer l'identification.

Il est vrai que si l'extrême droite soutient la Grèce des colonels, c'est qu'elle est d'accord avec elle. Idem pour le national-socialisme. Il n'empêche que lors des événements de 68, elle n'oppose à la contre-culture de gauche qu'une série de références démonisées à des États honnis et à un passé sanglant.

Très vite, certains militants procèdent donc à un examen de conscience. Tout au long des années 70, on va assister à de multiples tentatives pour rénover l'héritage nationaliste, tout en le rendant présentable. Comme toujours, l'idéologie est inséparable de la dialectique.

Attention ! Il n'y a pas de complot. Plutôt une « tendance », pour employer un terme en vogue. On voit apparaître des textes, des attitudes et des changements de position révélateurs. Confrontée à l'adversité, l'extrême droite tente de redéfinir sa propre identité.

Pour ce faire, elle se place à partir des années 70 sur un terrain nouveau : celui de la métapolitique.

La magie métapolitique

Rendons à César ce qui est à César. L'affinement théorique de l'extrême droite doit énormément à la mouvance de la Nouvelle Droite, et plus particulièrement à son principal théoricien, Alain de Benoist. Fondateur du GRECE en 1968, de Benoist avait participé auparavant au groupe Europe-Action. C'est lui qui met en avant la notion de métapolitique.

Véritable coup de baguette magique, la métapolitique redonne à l'extrême droite un dynamisme oublié. Elle la tire des ornières de la coutume pour la recentrer sur sa tradition. Cette approche nouvelle a carrément changé le visage du droitisme moderne.

Qu'est-ce donc que la métapolitique ? Rien de plus simple. Il s'agit, comme son nom l'indique, de l'au-delà du politique. Le lieu de la métapolitique est un jardin serein, protégé des querelles du monde. Situé au-dessus de la mêlée et de l'empoigne, il permet à l'extrême droite de prendre du recul pour tout remettre à plat, effacer les erreurs stratégiques et refonder une idéologie. C'est déjà beaucoup, et pourtant ce n'est pas tout. La métapolitique part aussi de l'idée que le politique n'est finalement qu'une région secondaire du savoir, qui s'insère dans le vaste ensemble de l'épistémê, du champ culturel. Le militant nationaliste doit, dans cette perspective, reconquérir la culture avant de s'occuper de la cité. Ce qui implique non seulement la restructuration d'une « culture de droite », mais aussi sa dissémination.

Nous en arrivons donc à l'ultime expression du souci métapolitique : la stratégie. Il s'agit *in fine* de réinsérer l'extrême droite au sein du jeu politique, en offrant à la droite modérée des armes théoriques. La démarche est raffinée : partant de l'idée que la droite libérale et traditionnelle n'a plus vraiment d'idéologie ou de personnalité, qu'elle se confond avec le « centre mou », les promoteurs de la métapolitique vont lui offrir tout un bagage culturel, spirituel, économique et politique, venu de la droite radicale.

Les bases de réflexion

L'affinement idéologique qui débouche sur la montée actuelle de l'extrême droite s'élabore à partir de 1968 dans un certain nombre de cénacles isolés. Le plus connu, et le plus important, est bien sûr le GRECE, dont les membres fondateurs publient depuis 1967 la revue *Nouvelle École*. Véritable centre d'étude doctrinale, le GRECE porte tout son travail sur la reconquête du champ culturel, ce qui l'amène non seulement à redécouvrir les théoriciens de l'extrême droite, mais aussi à s'approprier des auteurs venus de la droite classique, et bien sûr à récupérer des penseurs de gauche.

Dans le désert des années 70, la future Nouvelle Droite est une véritable source d'inspiration. On y relit Julius Evola, Carl Schmitt, Alexis Carrel, Georges Sorel, Raymond Abellio, Konrad Lorenz, Gustave Le Bon, ou même Jean Cau. Ce dernier nom peut nous servir d'indice. Car la droite modérée est fort loin de bouder le GRECE. Elle voit avec bienveillance une tentative de rajeunissement théorique, et se laisse prendre à l'habileté dialectique des adeptes de la Nouvelle Droite.

Beaucoup de conservateurs qui participent peu ou prou aux travaux grécistes ne perçoivent pas l'extrémisme de ses positions (que nous évoquerons en détail dans la troisième partie) : disons pour résumer les choses qu'Alain de Benoist et ses amis partent du postulat de l'inégalité naturelle pour instituer, entre autres, une doctrine de la race basée sur la reconnaissance de l'indo-européanité, et pour rompre avec certaines références coutumières de l'extrême droite : christianisme, américanophilie, anticommunisme, etc. Le travail du GRECE est absolument central, aussi bien sur le plan du discours que sur celui des idées.

Toutefois, d'autres ateliers de réflexion contribuent aussi à l'évolution idéologique. C'est le cas notamment du Club de l'Horloge. En 1974, un certain nombre d'animateurs du GRECE refusent de suivre Alain de Benoist dans son paganisme et dans son rejet du libéralisme. Se réclamant d'une droite classique, ils entendent synthétiser libéralisme et nationalisme identitaire, combat métapolitique et engagement au sein de la droite modérée. Précisons qu'à l'heure actuelle la ligne officielle du Front national est largement élaborée par les membres du Club de l'Horloge.

Nettement plus extrémiste, le Centre de documentation politique et universitaire est animé dans les années 70 par Michel Schneider, actuel responsable du club Nationalisme et République, qui tente de structurer une tendance nationaliste révolutionnaire au sein du Front national. Se définissant déjà à l'époque comme révolutionnaire et néo-fasciste, le CDPU complète le GRECE sur un terrain plus militant.

La *Revue d'histoire du fascisme*, publiée par un dirigeant du Front national, François Duprat, se situe dans la même perspective que le CDPU. Historien rigoureux des fascismes, Duprat n'a de cesse de réarmer idéologiquement le néo-fascisme. Il multiplie les recherches sur les nationalismes inconnus, et diffuse largement les brochures révisionnistes, qui nient l'existence des chambres à gaz. (Il est intéressant de noter que, dans le cas présent, le ressourcement théorique et l'étude critique des expériences fascistes des années 30 et 40 vont de pair avec une stratégie de déculpabilisation, *via* les thèses révisionnistes.) L'action de Duprat est brutalement interrompue en 1978 : le leader du FN est alors assassiné dans des conditions demeurées mystérieuses.

La mouvance maurrassienne et catholique n'est pas inactive. S'inspirant fortement de la doctrine du Portugais Salazar, *l'Ordre français* complète la revue *Itiné-*

raires, de Jean Madiran, qui travaille déjà la clientèle catholique. Quant à la Diffusion de la pensée française (DPF), il s'agit d'un important centre de propagande et d'édition nationaliste et catholique. La DPF est notamment inspirée par un célèbre écrivain antisémite, Henry Coston, qui développe toute une savante théorie du complot, incriminant tour à tour les «lobbies», la franc-maçonnerie, et même certains secteurs de l'Église catholique.

Tous ces centres de réflexion travaillent, chacun de leur côté, à tirer les conséquences de leur extrême faiblesse.

Un bilan tranchant

Au début des années 80, la situation de l'extrême droite n'est certes pas reluisante, mais elle a le mérite de la clarté.

Le nationalisme a d'abord renoué avec son héritage. On relit les « grands » auteurs : Maurras, Drumont, Barrès, Drieu La Rochelle ou Valois. Sans oublier les étrangers : Primo de Rivera, Spengler, Jünger ou Strasser. Phénomène notable : les expériences passées font l'objet d'un véritable examen critique. Fascisme, nazisme ou franquisme sont passés au crible de la doctrine. Un tabou est également transgressé : on emprunte maintenant sans vergogne à « l'autre bord » : Gramsci, Proudhon, Debord ou Che Guevara font les frais de cet appétit récupérateur.

Mais la prise de conscience la plus importante est sans doute celle de la nécessité de déborder du terrain strictement politique. La droite extrême veut conquérir la culture. Elle se cherche avidement des racines chez Martin Heidegger, Georges Dumézil, Alexis Carrel, et tant d'autres. Autant de domaines différents, autant de fronts ouverts.

L'extrême droite a donc appris la dialectique, tout en épurant sa doctrine. Il nous reste à en percevoir les conséquences concrètes.

DEUXIÈME PARTIE

LES MODIFICATIONS LES PLUS APPARENTES

Ne nous leurrons pas. En avançant l'idée de modifications idéologiques à l'extrême droite, il ne faut surtout pas sous-estimer la dimension purement stratégique et dialectique de l'évolution. On pourrait même dire au contraire que les deux domaines de la pensée et du discours sont ici étroitement imbriqués.

Une autre précision s'impose. Dans ce chapitre, il s'agit de se livrer au difficile exercice de la détermination de tendances d'ensemble. Le phénomène est d'ordre général. Il n'englobe pas nécessairement tous les cas particuliers. Si par exemple certains adeptes de l'extrême droite ne se reconnaissent plus dans l'étiquette nationaliste, d'autres au contraire la brandissent avec fierté. Lorsqu'on se promène en ultradroite, on s'aperçoit que les mots changent vite de sens, au gré des textes et des courants.

1.

Du racisme à la différenciation

En 1971, une organisation internationale proche du néo-nazisme, le Nouvel Ordre européen, publie un livre au titre édifiant : *Nous autres racistes*, qui résume assez bien l'attitude d'ensemble de l'extrême droite au début des années 70.

Le NOE y prêche un racisme suprématiste, qui affirme l'inégalité des races du point de vue de leur développement. Il est raciste, au sens le plus vulgaire du terme. Lisons au hasard quelques lignes. Le texte s'en prend par exemple aux « ethnies qui, par métissage avec les races jaunes ou noires, ou par évolution divergente, se sont séparées de la race blanche. Par exemple, les peuples sémites et turco-tartares ». On l'aura compris : le grand ennemi des néonazis européens, c'est le métissage. La preuve : les ethnies aux origines multiples « luttent contre la communauté aryenne en faisant alliance avec le déchet biologique de nos races-types, notamment avec les intellectuels ramollis, agents de l'impérialisme mondialiste ; d'autre part, en faisant alliance avec les forces de couleur contre la race aryenne ». Hallucinant dans sa formulation, le texte est tout à fait typique d'un certain racisme défensif, suprématiste, et appuyé sur une norme biologique « aryenne ».

Cette attitude primaire n'est plus aujourd'hui représentative. Elle tend à être remplacée par un racisme beaucoup plus sophistiqué, et beaucoup plus difficile à combattre. Pierre-André Taguieff le montre lumineusement dans *la Force du préjugé* (Éditions La Découverte) : le nouveau racisme s'appuie sur le principe de « l'égalité dans la différence raciale ». On ne combat plus les races inférieures. On ne vit plus le rapport aux autres races dans un contexte de rivalité ou d'antagonisme.

Pour Taguieff, « les structures profondes de la mentalité raciste » semblent « s'être adaptées aux conditions de la communication doxique, en se réinvestissant dans le lexique de la diversité, de la différence et de l'identité ».

En d'autres termes, le raciste des années 90 va s'appuyer sur une revendication identitaire et culturelle. Il ne va pas forcément considérer le monde blanc comme supérieur et dominant. Il va poser le principe de la séparation nécessaire.

Diffusé en septembre 1988, un tract du mouvement Troisième Voie illustre parfaitement cette nouvelle attitude différencialiste. Il s'adresse directement à la communauté immigrée : « Jeune immigré, tu dois savoir [...] que SOS Racisme est vendu à tes pires ennemis, aux négriers du Sentier, aux exploiteurs d'immigrés et aux sionistes massacreurs de Palestiniens. Que la société multiraciale c'est la société des ghettos et de la sous-culture américanoïde. Que pour nous, nationalistes révolutionnaires français et européens, tu n'es pas un ennemi, mais la victime d'un système que nous combattons. Si tu veux VIVRE LIBRE, tu dois être FIER de tes origines et de ta culture. C'est en faisant de la terre de tes ancêtres une Grande Nation que tu trouveras la place que tu mérites. » Quelle ironie ! On finirait par oublier que Troisième Voie lutte pour l'expulsion des immigrés. Mais ce langage enjôleur a le mérite d'éclairer notre propos.

Nationalistes de tous pays...
Unissez-vous dans la différence

Pour le mouvement nationaliste révolutionnaire, tous les nationalismes du monde se valent, dans leurs différences spécifiques. Il en va de même pour les races. L'attitude racialiste, ou encore ethno-différencialiste, implique une sorte d'apartheid mondial, la séparation généralisée des races ou des différentes ethnies.

Il s'agit donc non seulement d'expulser les étrangers, mais encore de faire vibrer la fibre nationale chez les peuples noirs ou arabes. C'est pourquoi de nombreux mouvements d'extrême droite tissent sans complexe des liens à l'étranger.

Les affinités avec certains régimes arabes sont particulièrement visibles. Le baassisme de Saddam Hussein apparaît à beaucoup comme une version irakienne du néo-fascisme, ou du nationalisme révolutionnaire.

Le soutien quasi généralisé de l'extrême droite à l'Irak dans la crise du Golfe de 1990-1991 ne saurait donc surprendre. Le plus étonnant, c'est que nombre d'États arabes sont sensibles à la nouvelle antienne nationaliste. Il est presque certain que des pays comme l'Arabie saoudite, l'Irak, l'Iran et la Libye ont aidé financièrement certaines organisations d'ultradroite. J'en ai eu la confirmation implicite de la bouche même du leader de l'Œuvre française, Pierre Sidos. Alors que je le rencontrais pour le compte de la chaîne britannique ITV en juillet 1990, il m'a afirmé « off record » qu'il avait autrefois « refusé » des subsides offerts par l'Arabie saoudite. En ce qui concerne l'Iran, on sait précisément qu'il a fourni en 1987 de l'argent à la librairie Ogmios, spécialisée dans la diffusion de textes nationalistes « durs » et d'ouvrages révisionnistes.

D'où provient cette curieuse lune de miel de l'ultradroite et de plusieurs États arabes ? Elle s'explique beaucoup par l'antisionisme des uns et des autres. Mais il y a une autre raison, plus profonde. Le racisme différencialiste s'appuie sur une conception géopolitique très particulière. Estimant que la plupart des frontières actuelles ont un caractère arbitraire et conjoncturel, les droitistes qui s'en réclament considèrent que la terre est naturellement dominée par de grands ensembles ethniques : les Arabes, les Noirs, les Blancs, les Jaunes, etc.

Chacun de ces ensembles représente en puissance un empire. La planète idéale devrait être constituée de quatre ou cinq empires continentaux, qui vivraient en bonne intelligence, dans la séparation la plus absolue. Il n'y a donc aucune raison pour que l'entité arabe ne s'unisse pas à l'entité européenne pour lutter contre l'influence américaine et cosmopolite. C'est le raisonnement différencialiste.

L'impossible empire juif

Un grain de sable vient cependant perturber ce bel édifice géométrique. On a compris que cette vision impliquait en dernier ressort la coexistence pacifique de grands empires ethniques. Mais il y a un problème. Que va devenir le peuple juif ? Dans la mesure où la plupart des mouvements d'extrême droite sont farouchement anti-sionistes, ne reconnaissent pas Israël, et appellent de leurs vœux la victoire totale des Palestiniens, ils ne peuvent admettre l'existence théorique d'un empire juif qui coexisterait avec un empire arabe. Dès lors, on est forcé de conclure que la conception différencialiste ne s'applique pas, dans ces conditions, au judaïsme.

En d'autres termes, l'antisémitisme n'a pas évolué parallèlement aux autres formes de racisme. Il en est resté au stade antérieur. L'antisémitisme n'est pas devenu différencialiste : le juif reste un ennemi, un antagoniste, un paria. Il ne peut appartenir à la nouvelle citoyenneté « impériale », à moins bien sûr de renier sa spécificité.

L'argumentaire différencialiste

Quoi qu'il en soit, le primat de la différence dans l'argumentaire droitiste a permis aux différents courants de modifier leurs axes de lutte. Totalement aligné sur cette conception, le Front national prône systématiquement la « préférence nationale ». En d'autres termes,

Jean-Marie Le Pen préfère ses filles à ses cousins, et ses cousins aux étrangers. La logique d'un tel discours, c'est : « Je ne hais pas mes cousins, ni les étrangers, mais je veux qu'ils rentrent chez eux. » Derrière le culte de la différence se profile donc une exaltation de l'identité nationale, ce qui permet à la propagande lepéniste de belles envolées démagogiques : « Quand vous parlez français, cela ressemble à du Le Pen, ou cela répète du Le Pen, ou cela rejoint ce que dit Le Pen », proclame le quotidien *Présent* dans son édition du 7 juin 1990, avant de conclure : « Contre l'immigration-invasion, pour la préférence nationale, contre l'assimilation frauduleuse du nationalisme à un racisme, diffusez le quotidien de la France aux Français. » Tout y est : l'affirmation identitaire, le rejet de l'étranger et... la dialectique.

Car le différencialisme est avant tout une arme qui permet aux nationalistes de parer l'accusation de racisme. Leur raisonnement est aisément lisible : affirmant que tout racisme est forcément inégalitaire et suprématiste, ils en déduisent que l'ethno-différencialisme ne ressortit pas à la même catégorie. Argument évidemment spécieux, qui postulerait donc que le séparatisme racial ne serait pas raciste... On peut rêver.

Reste que l'extrême droite s'appuie largement sur ce point pour contrer l'antiracisme. En juin 1990, l'Œuvre française publie un tract tout à fait révélateur : « L'antiracisme, voilà l'ennemi ! » Pour le mouvement de Pierre Sidos, il n'y a pas de doute, c'est un complot ! Affirmant que « l'antiracisme international, c'est la négation du patriotisme national », il poursuit : « L'antiracisme, c'est le contraire de la France française. Le soi-disant antiracisme est une idéologie internationaliste qui utilise abusivement les faux bons sentiments humanitaires pour faciliter l'invasion de la vie intérieure nationale, au détriment de la santé physique et morale de la France. C'est la négation du droit naturel — jusqu'alors indiscuté —, pour les Français, de vivre tranquilles et maîtres chez eux, selon le génie de leur sang, la nature de leur sol, la foi de leur ciel. »

Le nouveau racisme permet d'intégrer le discours d'exclusion au vocabulaire ambiant. Célèbre slogan des paysans du Larzac en lutte contre l'extension d'un camp militaire pendant les années 70, « Vivre et travailler au pays » devient aussi une revendication de l'ultradroite. Et que dire de cette banderole brandie par un groupe féministe lors des manifestations antiracistes qui suivirent l'attentat contre la synagogue de la rue Copernic en 1980 : « A bas le racisme. Vive la différence » ?... Et si c'était au fond la même chose ?

2.

De l'anticommunisme au rejet de l'Occident

Ce n'est pas vraiment une nouveauté. Depuis sa naissance au XIXᵉ siècle, le communisme a toujours été farouchement, et viscéralement, combattu par la droite radicale. L'obsession antibolchevique fut même jusqu'à une date récente la chose du monde la mieux partagée par tous les groupuscules nationalistes.

L'anticommunisme le plus absolu, le plus primaire, a donc longtemps caractérisé l'extrême droite. En témoigne par exemple ce tract vengeur, diffusé par le mouvement Occident au plus fort des événements de mai 1968 : « Le pouvoir est coupable ! Le communisme est à ta porte. Ne renie rien de la civilisation qui t'a vu naître, la civilisation occidentale. Rejoins notre combat ! Il est le tien ! C'est celui de l'Occident ! » On n'en attendait pas moins d'un groupe au titre si éloquent. Fidèle à ses convictions, Occident mène en tout cas jusqu'à sa dissolution un combat dominé par l'anticommunisme le plus résolu. Son objectif avoué : défendre l'Occident chrétien, menacé par les soviets.

Mais à la même époque, d'autres nationalistes émettent des thèses sensiblement différentes. Petit bulletin animé par Jean-Gilles Malliarakis, *l'Action nationaliste* titre le 16 février 1970 : « A bas le système de Yalta ». Et l'éditorial d'affirmer : « Les deux blocs, apparemment rivaux, gouvernent le monde en commun depuis vingt-cinq ans au nom d'accords laissant chacun maître de sa sphère. [...] Sondée par le syndicat des épurateurs, la classe politique est totalement pourrie, totalement inféodée à l'étranger, au sionisme, au bolchevisme, à la franc-maçonnerie. » Le son de cloche est ici nettement différent. L'Action nationaliste se situe déjà dans une certaine « troisième voie », à l'écart du communisme et du capitalisme « sioniste ».

Ce n'est pas surprenant.

Il serait totalement erroné de croire que l'anticommunisme de l'extrême droite lui est consubstantiel. Elle est certes violemment opposée à la vision marxiste du monde, et à l'égalitarisme socialiste. Mais elle n'est pas pour autant séduite par les charmes de l'Amérique.

Reconnaissons-le : depuis la Seconde Guerre mondiale, elle a quelques raisons de se méfier de l'ensemble anglo-américain.

Son attitude générale depuis 1945 est donc en réalité très ambiguë. Anticommuniste congénitale, elle ne soutient le camp de l'Occident que pour des raisons tactiques. Mais entre capitalisme et communisme, elle ne choisit pas, et continue à prôner une alternative nationaliste.

Elle a deux ennemis. Lequel des deux est le pire ?

Pendant des années, l'extrême droite pense que c'est le communisme. Elle est prioritairement opposée au marxisme, et secondairement anticapitaliste. « Ni Moscou, ni Washington », s'exclame pourtant la revue nationaliste catholique *Lectures françaises* en avril 1974. Mais sur le terrain, on soutient systématiquement le combat de Washington contre Moscou, de Budapest à Saigon en passant par le Portugal.

Dans un tract diffusé dans les lycées parisiens en 1977, le Front de la jeunesse, proche du Parti des forces nouvelles, tente de se définir : « Un Front de la jeunesse, pourquoi ? Le Front de la jeunesse est une organisation de jeunes nationalistes qui a pour but de lutter contre la démagogie gauchiste et la libéralisation de l'État. [...] Si la gauche l'emporte [aux élections municipales de

1977], toutes les structures actuelles, que ce soit dans les lycées, dans les facs et les universités, dans les entreprises, qui bientôt seront vos lieux de travail, deviendront les nouvelles bases d'une société s'inspirant du modèle soviétique. (...) En luttant contre la gauche et le communisme, le Front de la jeunesse défend les libertés individuelles, car le communisme n'est rien d'autre que l'esclavage de l'homme par l'État. »

En 1977, le refrain n'a toujours pas changé. Pour le groupe droitiste, la lutte antigauche est la priorité des priorités. Quant au combat antimarxiste, il se mène encore au nom de l'Occident. En réalité, personne ne s'avise encore de tenter de définir ce fameux « Occident ». C'est plutôt une valeur refuge, un emblème commode.

Nostalgie coloniale et anticommunisme

Il est intéressant de noter que l'occidentalisme s'appuie d'une part sur la haine du communisme et du bloc oriental, d'autre part sur le rejet du tiers monde. Pendant des années, l'extrême droite a été colonialiste. Après avoir soutenu l'Indochine, puis l'Algérie françaises, elle a fait sienne dans les années 70 la cause de l'Angola « portugais ». La défense de l'Occident, c'est aussi la défense du monde blanc menacé par le tiers monde, et principalement par la Chine communiste. En février 1975, le journal belge *l'Europe réelle* tire le signal d'alarme : « Face à la Chine, unité avec les Russes, alliance avec les Américains ! » Marc Fredriksen, qui signe l'article, écrit notamment : « L'Europe entière doit s'unir contre la montée asiatique qui risque de détruire notre civilisation et notre Race. Dans cette lutte, l'alliance américaine ne sera pas à négliger. » Pour le militant néo-nazi, la notion d'Occident est essentiellement raciale. Pour défendre la citadelle blanche, il faut s'unir sur des critères « biologiques ». Ce texte évidemment outrancier peut tout de même nous servir d'exemple. L'attitude de l'extrême droite est dominée par la nostalgie coloniale et l'anticommunisme.

Remise en question

Cette conception traditionnelle va fortement évoluer au cours des années 70. Une fois de plus, il nous semble que c'est la pression de l'histoire et le mouvement de mai qui vont infléchir les choses.

Soucieux de ne pas être en reste par rapport à leurs enne-
mis gauchistes, les nationalistes vont reprendre à leur compte la critique de la société de consommation. Or cette critique prend très vite l'aspect d'un véritable procès de l'Amérique. A cette époque, l'évolution provient avant tout des milieux royalistes, pour deux raisons :

1. Les maurrassiens, adeptes de la « Seule France », sont hostiles à tout atlantisme. Ils rejoignent sur ce point certains militants gaullistes « orthodoxes ».

2. Ils sont les premiers à s'être remis en question. La Nouvelle Action française est alors le groupe qui tente de se rénover à la lumière des événements de mai.

En 1975, la fédération de la région parisienne de la NAF diffuse un tract au contenu éminemment anti-américain : « La France, connais pas ! Pour changer la vie, Coca-Cola ! » On y lit un texte joliment pittoresque : « Mais oui, on sait : on est tous pareils : Américains, Anglais, Belges, Français, Suédois, Espagnols, WE DRINK COCA-COLA. Tiens : même les Soviétiques portent des Levi's (Je l'ai vu à la télé !). Bientôt, everyone will speak English. On pourra voir *Columbo* en anglais. Alors, on va pas nous emmerder avec le folklore breton. "Défense nationale, défense du capital", qu'ils disaient. Ben voyons ! Y a qu'à demander aux Cambodgiens et aux Tchécoslovaques ce qu'ils en pensent ! Petits-bourgeois, gardez votre internationalisme pour vos comptes en banque ! L'argent n'a ni odeur ni patrie (suivez mon regard !). Gentils piliers du dollar, rendez-nous ce tract : il peut trouver meilleur lecteur ! »

Sans remettre en question la notion d'Occident, la NAF tire à boulets rouges sur la culture US. Il faut dire qu'au même moment elle participe à un Centre d'études pour l'indépendance nationale, où se côtoient sereinement des militants de l'Union des jeunes pour le progrès (gaulliste), de l'Humanité rouge (maoïste), de l'Appel (gaulliste) et du Groupe Action-Jeunesse (nationaliste). Ce parterre bigarré vibre à l'unisson pour une force de frappe française et pour l'indépendance à l'égard des blocs.

Contre l'Occident

Il faut cependant attendre les années 80 pour que le concept d'Occident soit véritablement remis en cause.

C'est le GRECE qui va se charger de la besogne. Le laboratoire métapolitique dominé par Alain de Benoist part d'une thèse très simple : « L'Amérique est le seul pays au monde où l'immigration n'a pas été seulement un phénomène initial ou marginal, mais constitue le fondement même de la vie sociale », écrit-il dans le numéro 27-28 de la revue *Nouvelle École*, consacré à l'Amérique (en 1979).

Le retournement est complet. Absolu. Étendard de l'Occident, l'Amérique représente maintenant tout ce qu'abominent les nationalistes : l'immigration et le cosmopolitisme. Mais comment peut-on alors définir l'Occident ? Dans son édition de l'automne 1986, le magazine belge *Volonté européenne* tente de le resituer dans son cadre historique. Après avoir montré que dans le monde antique « on désignait par Occident l'Europe et par Orient les pays de l'Est méditerranéen », l'auteur en vient à la période moderne : « Le nouvel Occident d'après 1945 ne se limite plus à l'Europe, mais englobe tous les pays soumis au système capitaliste libéral : ainsi, le Japon est considéré comme une nation occidentale ! L'Occident actuel n'est donc plus européocentré, mais a une vocation planétaire à intégrer tous les pays qui adhèrent au dogme de la "libre entreprise et du libre-échange", de la "démocratie" libérale (encore que là il y a quelques accommodements) et des "droits de l'homme" (là aussi il y a quelques accommodements). »

Nous touchons le cœur du problème : partant d'une critique de l'américanisation, l'extrême droite remet en question le dogme de l'Occident et le définit, non en termes géographiques, mais en termes idéologiques. L'Occident devient l'incarnation du système. La domination mondiale du capitalisme libéral. Comme il est écrit dans *Volonté européenne*, « le système occidental n'est pas localisé géographiquement, bien que les États-Unis constituent son épine dorsale, il englobe presque tous les pays du monde, car le système soviétique est lui aussi occidental ». Le journal nationaliste estime en effet que « le marxisme n'est pas une contestation du capitalisme libéral mais au contraire une variante ».

On l'aura compris : bien loin de vouloir défendre l'Occident, l'extrême droite en vient à considérer que « le système occidental, basé sur la mort des peuples, c'est-à-dire sur l'individualisme, l'universalisme humanitariste, sur la dictature de l'économie (par la haute finance et les médias), sur l'uniformisation du monde et sur la destruction du sens de la vie, est comparable à un cancer » (*op. cit.*). Quelle outrance ! Il est en tout cas visible que l'Occident est devenu aujourd'hui le concept repoussoir qui définit d'un mot le monde dans lequel nous vivons. Ce monde moderne dominé par « la technique dans sa vocation planétaire » et par « l'homme issu de la subjectivité », selon la description de Martin Heidegger dans *Introduction à la métaphysique* (Éditions Gallimard).

Avec l'écroulement des régimes de l'Est, la tendance anti-occidentale ne peut évidemment que se confirmer. D'ennemi secondaire, le capitalisme « cosmopolite » est devenu l'ennemi principal sous le nom d'Occident.

Pour l'Europe

Farouches ennemis de l'Occident, les nationalistes lui opposent dialectiquement une notion «positive» : l'Europe. Le journal *Espace nouveau* de mai 1990 titre en gros caractères : «L'Occident contre l'Europe». D'un côté : l'Occident cosmopolite, cancer moderne; de l'autre : l'Europe, c'est-à-dire le nationalisme européen.

En d'autres termes, la défense de l'Europe est celle de la civilisation indo-européenne. Celle de l'identité culturelle menacée. Celle des différences, face au rouleau compresseur «mondialiste» de l'Occident. Dès lors, l'anticommunisme est à jeter aux oubliettes. Dans une interview publiée en février 1990 par le bulletin *Partisan*, le secrétaire général du Mouvement social italien, Pino Rauti, a cette phrase définitive : «Le communisme est fini, nous devons affronter le capitalisme.»

Vers un tiers-mondisme de droite

L'anti-occidentalisme et la disparition progressive de l'anticommunisme ont une conséquence assez logique : ils reposent la question du rapport au tiers monde. Nous savons que la vision ethno-différencialiste implique la coexistence pacifique d'entités culturelles et ethniques soigneusement séparées, et leur amitié réciproque. Face à l'Occident, et face au communisme mourant, le nationalisme européen n'a théoriquement qu'un seul allié potentiel : le tiers monde. Encore lui faut-il réviser les restes de colonialisme hérités des grandes heures de l'Algérie française.

Sur ce point, l'extrême droite doit encore au GRECE son évolution doctrinale. Dans son numéro du printemps 1985, *Éléments, la revue de la Nouvelle Droite* publie un texte de Guillaume Faye au titre sans ambiguïté : «Pour une alliance euro-arabe». Face à l'«axe Moscou-Washington», Arabes et Européens doivent selon lui s'unir et s'entraider tout en respectant farouchement leurs différences. Une alliance euro-arabe n'est possible que si les Arabes savent préserver leur identité. Il s'agit donc, comme l'écrit Alain de Benoist dans son livre *Europe-Tiers Monde, même combat* (Albin Michel), de « décoloniser jusqu'au bout ». Dans la bouche d'un militant d'extrême droite, la formule peut laisser rêveur. Alain de Benoist appelle tout simplement les peuples du tiers monde à se débarrasser du néocolonialisme et à en finir avec l'occidentalisation. Il se pose ainsi en promoteur d'un véritable tiers-mondisme de droite.

Volonté européenne de l'hiver 1986 en montre les particularités : « Quel tiers-mondisme ? Celui qui est le nôtre, c'est soutenir tout mouvement qui, dans le tiers monde, s'oppose à la dictature de l'économie et au rationalisme marchand. Un tiers-mondisme qui veut réellement une troisième voie, à la différence des ''non-alignés'' qui ont emprunté de l'argent dans les grandes banques internationales. La troisième voie pour le tiers monde, c'est sa libération par rapport aux supergros et c'est aussi la libération de l'Europe ! »

Il est donc clair que l'anticommunisme de l'extrême droite n'est plus un combat prioritaire, que la défense de l'Occident a été remplacée par la haine mortelle de ce même Occident, et que le nationalisme européen anti-occidental débouche aujourd'hui sur un tiers-mondisme de droite.

3.

Du nationalisme à l'Empire

Le nationalisme est-il la tarte à la crème de l'extrême droite ? Terme réflexe, terme défensif, il est employé à tout bout de champ et s'applique tant bien que mal à définir le militant d'ultradroite. Pourtant, que de flou artistique autour d'une telle notion ! Le nationalisme des années 90 est-il le même que dans les années 20 ? A quoi fait-il référence ? A une patrie ? Une région ? Une ethnie ? Un peuple ? Le moins que l'on puisse dire, c'est que le mot souffre encore aujourd'hui d'un abyssal manque de clarté.

Un nationalisme classique ?

Au départ, tout est simple. Ouvrons le tome I du *Dictionnaire de la politique française*, publié en 1967 par Henry Coston. Nous y apprenons que le nationalisme est « une doctrine politique qui se réclame de la tradition autant que de l'indépendance nationale ». Plus précisément, l'auteur cite Charles Maurras : « Le culte de la patrie est le respect, la religion de la terre des pères ; le culte de la nation est le respect et la religion de leur sang. » Le nationalisme est donc un patriotisme exacerbé, qui souhaite non seulement défendre la patrie, mais encore son « identité ».

Henry Coston cite encore Jacques Ploncard d'Assac, qui animait dans les années 60 une radio d'extrême droite émettant depuis Lisbonne, la Voix de l'Occident. Il y déclara un jour : « Le nationalisme est la conscience du fait que l'intégrité de la nation peut être menacée par autre chose qu'une agression extérieure. » Pour être sûr d'être bien compris, Coston ajoute : « C'est aussi ce que pensait Édouard Drumont, lorsqu'il attaquait, dans *la France juive*, ceux qu'il considérait en quelque sorte comme des ennemis de l'intérieur. » Pour le vieux polémiste d'extrême droite, la mission du nationalisme semble consister à lutter contre l'ennemi intérieur, qui prendrait donc les traits de l'homme juif. Ce qui nous ramène à une douloureuse équation : nationalisme = racisme, c'est-à-dire défense d'un sang prétendument menacé par une agression concertée.

Dans le très royaliste hebdomadaire de la Restauration nationale, *Aspects de la France*, Dominique Seuillot développe, le 12 avril 1990, une vision moins policière. Après avoir défini le nationalisme comme « la défense de la nation, à tout prix et en toute circonstance », le journaliste précise que « le nationalisme français n'est ni impérialiste ni totalitaire : il respecte les communautés naturelles et les conditionne sous l'autorité d'un roi fédérateur, il postule la décentralisation. (...) Contrairement à ce que disent ses détracteurs, il n'est pas raciste, la nation étant une communauté historique et culturelle aux origines diverses, non une communauté ethnique ». Le nationalisme maurrassien se définit donc de façon relativement modérée. Prenons acte du fait qu'il est non raciste, et strictement cocardier. C'est ce qui amène de nombreux militants d'extrême droite à s'en démarquer.

Un nationalisme européen ?

Prenant le contre-pied des thèses de Maurras, ils font valoir que le nationalisme strictement français, qui prétend s'appuyer sur les communautés naturelles, défend un espace géographique complexe, qui regroupe de multiples identités parcellaires. En d'autres termes, le superpatriotisme de la vigilance intérieure ne correspond pas à deux réalités : celle des régions, et celle de l'Europe. De nombreux droitistes en viennent donc à une vision plus globale : celle d'un nationalisme européen.

Dans le numéro de mai 1990 d'*Espace nouveau*, Philippe Hallefons oppose «Occident cosmopolite» et «nationalisme européen». La ritournelle est connue. Mais le texte devient franchement intéressant lorsque l'auteur évoque la thématique maurrassienne de la «nation en tant que produit historique» : «La nation française ne résulte pas de la préexistence d'un peuple français. Le territoire aujourd'hui français était habité par des peuples différents, que la monarchie capétienne, et surtout la république, ont réunis et assimilés de force, laminant peu à peu leurs particularismes.» Ainsi donc, la nation française ne correspond pas à une ethnie française.

L'auteur s'en inquiète : «Cette opposition pose bien un problème fondamental. Pouvons-nous nous proclamer à la fois défenseurs de l'identité ethnique et nationalistes, alors que nous voyons qu'ethnie et nation peuvent être antagonistes?»

Le problème est délicat. Pour le résoudre, les plus radicaux des droitistes sont forcés de modifier leur conception : «Notre nationalisme est un nationalisme européen, écrit Hallefons. Nous savons que tous les Européens sont issus de la même souche indo-européenne, s'expriment dans des langues dérivant d'un même parler originel, dont les linguistes ont pu retrouver les racines, habitent un même territoire dont les géopoliticiens ont démontré la nécessaire unité, et partagent un même sang.»

Très soucieux de la pureté du sang, Philippe Hallefons transpose le nationalisme français sur un plan européen, et réintroduit par là même la dimension «ethno-différencialiste» que la vision maurrassienne occultait totalement.

Mais en quoi consiste le nationalisme européen ? S'agit-il de fonder une « supranation » qui détruirait les frontières historiques ? La réponse est non : « Ce nationalisme n'est pas un nationalisme jacobin qui souhaiterait voir un super-État européen homogénéiser et standardiser notre continent et nos peuples. Le modèle de l'Imperium, avec tout ce qu'il implique de décentralisation et de respect des particularismes nationaux et régionaux, en constitue l'exact opposé. »

Le mot est lâché : *imperium*. Le militant d'Espace nouveau propose la création d'un empire européen supranational mais de souche indo-européenne, qui gérerait ses provinces en tenant compte des différences spécifiques de chaque patrie et de chaque région.

L'imperium

Mais en fin de compte, le nationalisme européen, qui prétend fédérer des particularismes en s'appuyant sur la communauté ethnique, est-il vraiment un nationalisme ? Poussant le travail de révision doctrinale jusqu'à ses ultimes conséquences, certains militants s'interrogent aujourd'hui sur la valeur intrinsèque de leur nationalisme. Nous assistons à une remise en question de l'idée, et à son dépassement.

L'article d'*Espace nouveau* nous a mis sur la voie. Comment faut-il comprendre l'*imperium* ? A priori, il n'y a rien ici de bien original. Le moins que l'on puisse dire, c'est que le rêve impérial est une constante du fascisme européen. Mussolini et Hitler l'illustrèrent à leur manière.

Que peut signifier concrètement un nationalisme d'empire ? En 1988, un petit groupe proche du GRECE, qui fusionnera avec lui par la suite, publie un texte au titre évocateur : *Europe, troisième Rome*. Pour l'Institut de documentation et d'études européennes (IDEE), il s'agit en toute simplicité de « fonder une nouvelle civilisation » : « Face au système mondialiste d'occupation, face à la décadence de leurs peuples se dressent des partisans européens. Notre tâche est avant tout politique : unifier l'Europe en fondant un Empire, une troisième Rome. »

Ce dont il est question, c'est de « traduire en unité politique l'unité millénaire de civilisation héritée de notre matrice indo-européenne commune », c'est-à-dire de... « dépasser les nationalismes étriqués du XIXe siècle pour prendre conscience de la communauté d'histoire et de destin qui nous revient ». L'IDEE développe la notion d'empire tout en maintenant celle d'un nationalisme européen. Mais dans la mesure où l'Empire est un fédérateur de nations, et même de régions, peut-on encore employer le mot « nationalisme » ?

Un certain nombre d'activistes d'extrême droite refusent aujourd'hui de s'en réclamer. Pour le comprendre, il suffit d'ouvrir la revue traditionaliste révolutionnaire *Totalité* de 1986. On y trouve la traduction inédite d'un texte de Julius Evola, publié en Italie en 1931, et intitulé : *Universalité impériale et particularisme nationaliste.*

Le penseur italien tente d'abord de définir deux types de nationalisme : « Le premier (nationalisme démagogique) se propose de détruire chez les individus leurs qualités propres, spécifiques, au bénéfice de celles dites "nationales". Dans le second (nationalisme aristocratique), il s'agit d'arracher les individus à l'état subalterne où ils sont tombés et où chacun se retrouve l'égal de l'autre. » Ce nationalisme exigeant, qui doit rompre avec toute forme de socialisme « rampant », est pour Evola le préalable à une forme politique supérieure : l'Empire.

Théoricien initiatique, préoccupé d'évolution spirituelle, Evola pense que le nationalisme, basé sur l'inégalité, permet de dégager des élites. Il s'agit ensuite pour ces élites d'aller plus loin : « En développant le processus grâce auquel le nationalisme revêt le sens d'un phénomène positif [le nationalisme aristocratique], on est donc ramené aux valeurs de différence et de hiérarchie : en redevenant eux-mêmes, les individus passent du plan de la matérialité, où il ne peut y avoir de véritable différence, à celui de l'intellectualité, en lequel ils participent à quelque chose qui est non individuel [...] : ils participent à une universalité. C'est alors que, du nationalisme, on passe à l'impérialisme, à l'anonymat de grandes réalités plus qu'humaines. Tout impérialisme véritable est universel, et il se présente comme un dépassement positif du stade nationaliste. »

Dès 1931, Evola a tout dit. La notion d'empire implique un dépassement du nationalisme, puisque la référence à une nation ne correspond pas aux véritables répartitions ethniques.

L'universalisme des différences

Mais l'écrivain italien, qui n'a été vraiment traduit en français que depuis le début des années 80, va beaucoup plus loin. Dépassant le nationalisme au nom de l'impérialisme, il introduit de façon surprenante le concept d'universalité. C'est d'autant plus bizarre que tout le combat de l'extrême droite consiste justement à défendre les particularismes en rejetant toute conception globale de l'homme, et toute idée de culture universelle.

Pour Evola, le concept d'universel est à saisir dans une perspective hiérarchique : selon lui, l'universel est un degré de profondeur accessible seulement à l'élite. Ce degré recèle une vérité dissimulée à la masse. L'universel n'est pas le triomphe du cosmopolite ou du syncrétisme. L'empire consiste à transposer un particularisme sur le plan universel. Il est l'au-delà du nationalisme, mais ne peut en faire l'économie : « Une race est mûre pour l'Empire lorsqu'elle s'avère capable de se porter au-delà d'elle-même, lorsqu'elle va au même pas que le héros. (...) C'est pourquoi nationalisme et impérialisme sont deux termes qui s'excluent réciproquement. » Le nationalisme relève du « subjectivisme » et du « sentimentalisme ». L'impérialisme « peut se traduire en termes de pure objectivité » (*op. cit.*).

Il apparaît finalement que le dépassement du nationalisme dans l'impérialisme implique une remise en question globale de la notion même de nationalisme. Dans *le Choc du mois* de juillet 1990, Alain de Benoist développe cette position : « Je ne pense pas que la nation, qui n'apparaît véritablement comme concept politique qu'au moment de la Révolution, constitue le cadre le plus approprié pour la mise en forme d'une identité collective ou d'une existence sociale de type communautaire. »

Théoricien « post-nationaliste », Alain de Benoist envisage clairement son dépassement. Cela nous amène à saisir un aspect inattendu de l'idéologie d'extrême droite : elle propose des étapes, un peu comme le marxisme développe la théorie du stade socialiste, puis du stade communiste. Il y a à l'inverse un stade nationaliste, puis un stade impérialiste. L'universalité de l'impérialisme est la reconnaissance du fait que les élites, d'où qu'elles viennent, ont les mêmes comportements. Reconnaissant et maintenant la notion de différence, l'impérialisme admet des traits communs, propres aux différents empires.

S'interrogeant sur l'universalisme de l'extrême droite, Antonio Medrano affirme clairement dans le numéro 2 de la revue évolienne *Kalki* (hiver 1987) qu'« il ne s'agit pas de faire un amalgame ou un mélange de traditions, de donner naissance à un nouveau syncrétisme, (...) mais de parvenir à une véritable synthèse, harmonieuse et fructueuse, authentiquement traditionnelle, dans laquelle soit possible la cohabitation d'individus de différentes traditions, unis mais non confondus ». L'universalisme de l'extrême droite est donc un universalisme réservé à l'élite, qui s'appuie avant tout sur des substrats différentiels, pour parvenir ensuite à une communion d'idées.

Peut-on dire encore aujourd'hui de l'extrême droite qu'elle est nationaliste ? Oui, sans doute. Beaucoup de courants se reconnaissent toujours dans cette étiquette, à commencer par la mouvance royaliste. Mais la tendance est obstinée. De plus en plus, le nationalisme fait place à la revendication identitaire. Cette identité, enracinée dans le monde indo-européen, ne recoupe plus les frontières des nations. Elle apporte donc tout naturellement dans ses bagages la notion d'Empire.

Tout est prévu.

Il ne reste plus qu'à trouver l'empereur.

TROISIÈME PARTIE

LE PAYSAGE IDÉOLOGIQUE

Nous voici riches d'une esquisse d'ensemble, de tendances de fond qui nous semblent essentielles pour comprendre l'évolution de l'ultradroite. Il nous faut maintenant affronter l'épreuve du fait, et étudier, cas par cas, les différents courants actuellement existants.

Nous quittons le général pour le très particulier. Mais qu'on ne s'y méprenne pas. L'objet de ce travail n'est absolument pas d'effectuer l'ultime description des multiples groupuscules qui parsèment généreusement le paysage de l'extrême droite.

Plusieurs auteurs se sont déjà attelés, avec succès, à la peinture des différents mouvements, et à leur histoire récente ou ancienne. Citons par exemple Pierre Milza ou encore Joseph Algazy.

Différente et complémentaire, notre démarche consiste à présenter des idées et non des hommes. Il s'agit ici de mettre en évidence toutes les idéologies qu'on classe ordinairement à l'extrême droite, de les décrire, et d'essayer de les situer les unes par rapport aux autres. On trouvera donc au fil des pages la description d'au moins onze systèmes de pensée, qui vont de la droite conservatrice et nationale au néo-nazisme le plus intransigeant.

Précisons que sont volontairement exclus de cette enquête les courants par trop minoritaires ou inclassables. On ne trouvera donc de descriptions ni du créditisme, ni du fédéralisme, ni du bonapartisme, qui sont à la fois minuscules et proches de l'ultradroite sans toutefois en faire vraiment partie. J'ai aussi choisi d'occulter le larouchisme, idéologie du Parti ouvrier européen, qui mériterait une étude à part entière, mais ne peut être considéré comme d'ultradroite[5].

On ne trouvera rien non plus sur les cultes minoritaires au contenu politique nationaliste. Il est visible que des organisations comme l'Église de Scientologie, la Nouvelle Acropole ou le Mouvement Raélien, qu'on classe habituellement parmi les sectes, ont un message philosophique élitiste, qui peut se rapprocher de l'extrême droite. Mais un travail sur le sujet nous entraînerait trop loin du nôtre, la galaxie nationaliste étant déjà suffisamment riche en nuances.

Voici donc le panorama idéologique complet d'une France minoritaire, extrémiste et intolérante, qui connaît aujourd'hui une réelle ascension.

1.

Le frontisme : un populisme calculé

Si nous posons au départ que le frontisme est l'idéologie officielle du Front national, il est évident qu'il
occupe au sein de l'extrême droite une place très particulière. On ne peut mettre sur un même plan frontisme,
royalisme ou nationalisme. Le Front n'est pas un parti
comme les autres. On ne peut le comprendre si on ne
le replace pas dans son contexte historique : le mouvement lepéniste est un pur produit de l'évolution idéologique de l'extrême droite depuis les années 60.

Histoire d'une vocation

Le Front national est créé en 1972 à l'initiative d'un
mouvement nationaliste et radical : Ordre nouveau.
Groupement ouvertement néo-fasciste, dans la grande
tradition de Jeune Nation ou d'Occident, Ordre nouveau souhaite gagner progressivement la population aux
thèmes nationalistes par le biais d'un front élargi, qui
n'annoncerait pas la couleur mais populariserait certains
aspects de l'idéologie nationaliste.

Dans le livre collectif *Ordre nouveau*, publié à l'occasion du deuxième congrès de l'organisation en 1971, on
trouve cette phrase limpide : «Ordre nouveau doit
regrouper toute l'opposition nationale pour opposer un

front uni au régime. » Le mouvement activiste veut élargir son audience, et dépasser le faible public qui compose
alors l'extrême droite dure, en impulsant... un front.

En réalité, cette stratégie frontiste doit être remise dans
son contexte. 1972, c'est l'année du Programme commun
de la gauche, celle où Parti socialiste, Parti communiste
français et Mouvement des radicaux de gauche semblent
vouloir fonder un nouveau front populaire. Signe révélateur : on peut alors lire sur les murs du XIIIe arrondissement de Paris un slogan sans ambiguïté :
«Marchais, ton Front popu, on n'en veut pas. Front
national pour le salut public». A la même époque, le
gauchisme apparaît comme un véritable phénomène de
société. Or de nombreux mouvements adoptent justement la stratégie du front pour faire passer leurs idées
dans l'opinion : les militants trotskistes appellent au
«front unique ouvrier», tandis que les maoïstes de
l'Humanité rouge impulsent un «front uni des masses
populaires».

Lors de sa création, le Front national apparaît à la
fois comme une tentative de contrecarrer l'union de la
gauche naissante et comme une sorte d'équivalent mimé-
tique des divers fronts ourdis par l'extrême gauche. Une
fois de plus, il est clair que l'extrême droite subit la domination culturelle et politique de l'esprit soixante-huitard
sans être encore capable de formuler une alternative dialectique.

La mission du FN est claire : il ne doit absolument
pas apparaître comme un parti nationaliste. Son double objectif consiste au contraire à populariser les idées
nationalistes, et, surtout, à affronter les échéances électorales en se basant sur des thèmes spécifiques, ciblés,
et surtout pas révolutionnaires. Manœuvré par Ordre
nouveau, il regroupe cependant d'autres mouvements :
le Parti de l'unité française (de Roger Holeindre), le
Mouvement pour la justice et la liberté (de Georges
Bidault) et le Rassemblement européen de la liberté (de
Pierre Bousquet et Pierre Pauty).

Ce choix est intéressant : si le REL, qui diffuse le bulletin *Militant*, se situe clairement sur des positions nationalistes, le Parti de l'unité française et surtout le Mouvement pour la justice et la liberté sont nettement plus modérés. En réalité, toute l'entreprise du Front national consiste en 1972 à rassembler deux catégories bien délimitées : les « nationalistes » et les « nationaux ». La nuance peut sembler mince. Mais l'extrême droite est alors nettement scindée en deux mouvances.

Nous savons que les nationalistes sont révolutionnaires et se proclament eux-mêmes néo-fascistes, à l'exemple de François Duprat, membre du bureau politique du Front national dans les années 70.

Les nationaux représentent un ensemble plus flou. C'est le vaste flot de la droite antigaulliste, héritière de Pétain et de l'Algérie française, le public de Pierre Poujade et Jean-Louis Tixier-Vignancour. Violemment anticommunistes, nettement libéraux, et très attachés aux traditions, les nationaux ne souhaitent pas la destruction du système. Ils sont la droite de la majorité silencieuse. La pointe du conservatisme. Le contraire de l'esprit révolutionnaire. On les appelle aujourd'hui faute de mieux des « nationaux conservateurs ».

Archétype du militant national, Jean-Marie Le Pen semble l'homme idéal pour présider le Front, qui doit imprégner l'opinion pour l'amener petit à petit sur les positions nationalistes d'Ordre nouveau. Sans revenir en détail sur la biographie mouvementée de Le Pen, qui a déjà abondamment été narrée (notamment par Alain Rollat dans *les Hommes de l'extrême droite*, Calmann-Lévy), rappelons qu'il a suivi le cursus classique du droitiste national : président de la Corpo des étudiants de droit, il devient plus tard député poujadiste, avant de rejoindre les paras en Algérie. On le trouve ensuite dans plusieurs groupuscules, et il dirige la campagne électorale de Tixier-Vignancour lors des présidentielles de 1965. Finalement, il est contacté par Ordre nouveau en 1971. La direction nationaliste lui propose tout simplement de prendre la direction du Front. Sa réaction est alors significative. Invité à prendre la parole lors d'une réunion publique d'Ordre nouveau en 1971, Le Pen affirme son accord général avec la ligne de front national, mais marque immédiatement son intention de ne pas être manipulé par les nationalistes. Le conflit est donc inévitable entre nationalistes et nationaux.

Il éclate après la déroute du FN lors des élections législatives de mars 1973[6]. En juin, Ordre nouveau est interdit. A la suite de la dissolution, la rupture est entérinée.

S'agit-il véritablement d'un conflit idéologique ? Il est permis d'en douter. Car après que les anciens d'Ordre nouveau ont quitté le Front, celui-ci ne change en rien ses habitudes. Il garde son logo : une flamme tricolore — copiée sur celle du Mouvement social italien —, et continue à autoriser la double appartenance. En d'autres termes, on peut adhérer à n'importe quel groupe tout en gardant sa carte du FN. Le mouvement de Le Pen s'estime toujours une caisse de résonance et un tremplin pour les idées d'extrême droite. En prenant du recul, on s'aperçoit finalement que la divergence entre Le Pen et Ordre nouveau a surtout permis à l'ancien poujadiste de prendre le contrôle du Front. Ce fut une lutte de pouvoir et non un combat d'idées.

Dès après la rupture, on voit d'ailleurs nombre de transfuges de l'ex-Ordre nouveau affluer au Front, à commencer par François Duprat, qui en devient vite le grand organisateur. Tout au long des années 70, le Front joue donc ouvertement son rôle de marchepied du néofascisme. François Duprat dirige l'appareil du mouvement et développe parallèlement des «groupes nationalistes révolutionnaires de base», dont le rôle est de constituer l'aile néo-fasciste du FN, dans la perspective de la création d'un authentique parti nationaliste.

François Duprat est un personnage complexe. Parallèlement à ses activités frontistes, il publie une kyrielle de petits bulletins ronéotypés, comme la très dense *Revue d'histoire du fascisme*, ou les très potiniers *Cahiers européens hebdo*, qui renseignent sur les activités de l'extrême droite avec une précision toute policière. En 1978,

Duprat meurt dans l'explosion de sa voiture. Certains de ses anciens camarades continuent à accuser du meurtre des éléments d'ultradroite.

Quoi qu'il en soit, sa mort marque un tournant. Petit à petit, les militants venus de la mouvance solidariste prennent le contrôle du mouvement. Qui sont les solidaristes ? Le mot est quelque peu tombé en désuétude. Il fait alors référence à une doctrine sociale corporatiste et antimarxiste, en vogue chez certains droitistes. Les solidaristes sont en fait les ancêtres des nationalistes révolutionnaires actuels. Des militants radicaux, qui ont souvent fait leurs armes dans de petits groupuscules paramilitaires, comme le Groupe Action-Jeunesse. Le principal leader venu de ce secteur est Jean-Pierre Stirbois.

Sous son influence, le Front national se structure progressivement en un vrai parti, et, surtout, abandonne le principe de double appartenance. S'agit-il d'un changement de ligne politique ? De l'abandon d'une stratégie frontiste ? Pas vraiment. Le Pen et son équipe souhaitent surtout décourager les entreprises fractionnelles, à une époque où la décomposition de l'extrême droite paraît irrémédiable, et où un mouvement rival, le Parti des forces nouvelles, fait preuve d'un sérieux dynamisme.

Lorsque arrivent les années 80, le Front national est un parti épuré : les amis de Duprat n'ont pas continué leur action au sein des GNR. Ils se sont égaillés dans la galaxie nationaliste, et bon nombre d'entre eux sont allés rejoindre les néo-nazis de la Fédération d'action nationale et européenne, dirigée par Marc Fredriksen. Quant aux nationalistes regroupés autour du bulletin *Militant*, ils prennent aussi leurs distances, et forment le Parti nationaliste français en 1983.

Il est toutefois visible que le mouvement de Jean-Marie Le Pen continue à suivre la même stratégie « grand public ». Il n'est certes plus la façade respectable d'un groupe activiste comme Ordre nouveau, mais il a tout naturellement gardé sa spécificité de haut-parleur modéré

et de courroie de transmission d'idées plus radicales. Il
n'est pas question ici de tomber dans une vision mani-
chéenne et simpliste. Le FN n'est plus un camouflage
d'Ordre nouveau. Mais il est frappant de constater qu'il
continue à remplir sa mission des origines : diffuser dans
l'opinion des thèmes propres au nationalisme, et banaliser des positions jusqu'ici confinées au ghetto des groupuscules. Ce n'est pas un parti comme les autres. Il est
chargé d'un arrière-monde.

Une formation composite

Il est évident que le Front national est une formation composite. Un véritable agrégat de tendances,
plus ou moins soudées autour de la personnalité de
Le Pen, et d'un programme à la fois général et
fluctuant.

Commentant à sa sortie *les Hommes de l'extrême
droite*, René Rémond précise dans *le Monde* du 16 avril
1985 que « le Front national n'est assimilable à aucune
des expériences antérieures, ni son programme réductible à celui d'aucune de ces écoles de pensée. Son idéologie est composite, tout comme son électorat est un
agrégat d'éléments venus d'origines diverses : Alain Rollat parle de ''fourre-tout idéologique'' ».

Le FN n'est ni une résurgence des Croix-de-Feu ni un
retour de flamme du Parti populaire français. Il s'agit
bien d'une expérience inédite, échafaudée au début des
années 70, et complètement tributaire de la double évolution, dialectique et doctrinale, dont nous avons parlé
précédemment.

Deux erreurs doivent être évitées à tout prix.

En faire un parti fasciste, alors qu'il s'agit d'un front
aux objectifs ciblés, qui souhaite parvenir au pouvoir
dans le cadre démocratique.

En faire un parti respectable, alors que sa modéra-
tion n'est compréhensible que par sa nature frontiste.
Au-delà du FN, c'est la remise en question du système

qui est à l'ordre du jour. Nombre de ses membres y travaillent sans états d'âme.

Le Front national a un point commun avec le Parti communiste : il interdit les tendances. Quel paradoxe ! De nombreux courants agissent en son sein. Avant d'étudier l'idéologie frontiste et le programme du FN, il est nécessaire de dresser un tableau complet de ses différentes sensibilités. Il y a sept familles idéologiques au Front national. Toutes ne jouent évidemment pas un rôle de premier plan. Si par exemple de nombreux transfuges du Club de l'Horloge occupent des positions importantes, l'influence des royalistes est moins frappante. Voici en tout cas un jeu des sept familles de pensée actives au sein du FN.

La famille nationaliste : C'est un peu la vieille garde du Front. Les nationalistes ont souvent fait leurs armes dans les groupuscules activistes des années 60 et 70, avant de rejoindre le mouvement de Le Pen. On peut dégager plusieurs pôles d'influence : la mouvance de l'hebdomadaire *National-Hebdo*, avec Roland Gaucher ou François Brigneau. Plutôt atlantistes par tradition anticommuniste, les militants proches de *N-H* défendent les thèses révisionnistes niant l'existence des chambres à gaz, et se réclament ouvertement du nationalisme. On trouve, à un degré moindre, une sensibilité analogue dans l'hebdomadaire *Minute*, à travers Serge de Beketch ou Alain Sanders. Il s'agit de nationalistes classiques, dont la verdeur du langage et l'outrance effraient parfois la direction du FN. Nettement plus discret, le Cercle d'études, de relations publiques, économiques et sociales (CERPES) veut créer « une véritable maçonnerie blanche, faisant passer les militants sélectionnés de la position d'économiquement faibles à celle d'économiquement forts » (bulletin *Contre-Attaque* de septembre 1987). Animé par Bernard-Henry Lejeune, le CERPES défend des positions très radicales, et se situe ouvertement dans la filiation de Robert Brasillach, Abel Bonnard ou Jean Hérold-Paquis. Cette petite société privilégie également le combat « révisionniste ». Son influence ne semble pas à la hauteur de ses ambitions.

La famille des « nouvelles droites » : Elle est essentiellement constituée de transfuges du GRECE et du Club de l'Horloge. Elles est globalement divisée en deux : un pôle national-libéral, qui défend les thèses libérales-identitaires du Club de l'Horloge, et un pôle radicalement antilibéral, occupé par Jean-Claude Bardet ou Pierre Vial. On sent à la fois l'influence du Club de l'Horloge (pôle libéral) et celle du GRECE (pôle antilibéral). Plus généralement, la Nouvelle Droite est surtout influente au niveau de la « politique extérieure » du Front. Le tournant « arabophile » effectué lors de la crise du Golfe de 1990-1991 ainsi que les prises de position antiaméricaines de Bruno Mégret sont l'écho peu affadi de l'antienne gréciste. Parmi les principaux transfuges néodroitistes, citons encore Jean-Yves Le Gallou (Club de l'Horloge), Jean-Jacques Mourreau (GRECE) ou Yvan Blot (Club de l'Horloge). On le voit, la plupart des ex-grécistes ou horlogers occupent au sein du FN des postes de responsabilité.

La famille catholique : Fort influents, les catholiques traditionalistes utilisent le Front pour distiller un message clairement antidémocratique. Sur le plan de la presse lepéniste, les catholiques sont majoritaires. Ils animent le quotidien *Présent*, dirigé par Jean Madiran. Fondé en 1982 par Pierre Durand, Hugues Keraly, Romain Marie et François Brigneau, *Présent* se situe au confluent du nationalisme classique et du catholicisme traditionaliste. Brigneau a toutefois été expulsé de *Présent* en 1985 pour avoir soutenu la cause du révisionniste Robert Faurisson. Aujourd'hui, le quotidien lepéniste, qui se distingue par sa violence de ton, est relayé par un réseau d'associations dirigées par Romain Marie : les comités Chrétienté-Solidarité regroupent tous ceux qui souhaitent défendre les « bonnes causes » chrétiennes. Situé dans le XVIIIᵉ arrondissement de Paris, le Centre Henri-et-André-Charlier leur sert de lieu d'évangélisation et de quartier général. Les Cercles d'amitié française organisent chaque année les Journées du même nom : une mini-fête de l'Huma franchement nationaliste et catholique. L'Alliance générale contre le racisme et pour le respect de l'identité française et chrétienne a une autre fonction : elle tente de faire pièce aux mouvements antiracistes en opérant un renversement dialectique, le Front national étant systématiquement présenté comme la victime d'un « racisme antifrançais ». Contre-révolutionnaire, parfois royalistes, intégristes de la foi, les catholiques du FN représentent un véritable lobby au sein du parti de Le Pen.

La famille nationale conservatrice : Les nationaux conservateurs ne représentent plus aujourd'hui un ensemble porteur. Atlantistes et libéraux, ils ont souvent quitté le Front lorsque celui-ci s'en prenait trop ouvertement à la communauté juive. Car les nationaux sont en général proches d'Israël, au nom de la solidarité occidentale. Parmi ceux qui se sont éloignés (pour des motifs très divers), citons Édouard Frédéric-Dupont, Wladimir d'Ormesson, Yann Piat, Jules Monnerot, ou encore Pascal Arrighi.

La famille nationaliste révolutionnaire : Très proches du GRECE, les nationalistes révolutionnaires se distinguent à la fois par leur antilibéralisme, leur anti-occidentalisme et la volonté de créer au sein du FN un courant organisé, au grand effroi de la direction, qui craint que ne se renouvellent les opérations fractionnelles des années 70. Regroupés autour d'une luxueuse revue, *Nationalisme et République*, certains d'entre eux tentent même de constituer une tendance révolutionnaire, à l'image du courant « Espace nouveau » longtemps animé par Pino Rauti au sein du MSI italien. La victoire finale de Rauti sur ses rivaux et son accession à la direction du mouvement néofasciste en janvier 1990 ont-elles donné des ailes aux NR du Front ? Toujours

est-il que *Nationalisme et République* regroupe un grand
nombre de déçus du lepénisme, tels Jean-François Spie-
ler, Sorayah Jebbour, Christiane Pigacé ou Jean Mar-
cilly. Son objectif est de créer un courant de
«rassemblement nationaliste populaire» autour de
Marie-France Stirbois, députée de Dreux et veuve de
Jean-Pierre Stirbois, secrétaire général du FN jusqu'à
sa mort dans un accident de voiture en 1987. Cette stratégie est-elle viable? Il est permis d'en douter, puisque
Mme Stirbois a désavoué publiquement *Nationalisme et
République*. Pour l'instant, les NR ne sont pas en odeur
de sainteté, et les fédérations ont reçu une mise en garde
leur intimant de n'avoir aucun contact avec eux.

La famille royaliste : Elle se confond parfois avec le
pôle catholique. Nombre de catholiques traditionalistes
se réclament aussi de l'héritage maurrassien. Il peut sembler étrange que des royalistes, hostiles au suffrage universel, participent à un Front qui s'affirme démocratique
et républicain. Mais les royalistes ne font qu'utiliser la
stratégie frontiste pour mieux faire passer leurs idées :
classique. Sans constituer un courant organisé, le royalisme est le fait de plusieurs «notables» du Front.
Georges-Paul Wagner, dirigeant de l'Institut de formation nationale, siégea longtemps au comité directeur de
l'Action française. Parmi les rédacteurs de la revue théorique *Identité*, fondée par Bruno Mégret, on remarque
la présence d'un ancien cadre de la Restauration nationale, Régis Constant. On trouve aussi moult royalistes
au sein du conseil scientifique : Claude Polin, Claude
Rousseau ou Pierre Gourinard sont des légitimistes
patentés. Mais, dans l'ensemble, le royalisme frontiste
est loin de représenter un lobby. On le remarque surtout dans la mesure où il vient gonfler les rangs du pôle
antilibéral, majoritairement animé par les ex-grécistes.

La famille mooniste : Soyons clairs. Il est établi que
la secte Moon a fait du Front national son cheval de
bataille politique en France. Dirigeant du culte, Pierre

Ceyrac est d'ailleurs membre du bureau politique du FN. Il a notamment été élu aux législatives de 1986 sur une liste frontiste. On ne compte plus les preuves d'une influence mooniste au sein du parti lepéniste. A ce propos, on se reportera à l'excellent ouvrage de Jean-François Boyer, *l'Empire Moon*, publié aux Éditions La Découverte. Mais au niveau idéologique, la pénétration du culte coréen semble infime. Ils sont fort peu nombreux, ceux qui pensent que Sun Myung Moon est un nouveau Messie. En réalité, le moonisme joue surtout auprès de Le Pen un rôle d'entremetteur international. Selon Boyer, le président du Front doit entre autres à l'organisation Causa d'avoir été reçu en 1986 par Cory Aquino ou par le Premier ministre du Japon en exercice, M. Nakasone. Réseau d'influence conservateur, le culte Moon se sert du Front, non pour répandre ses idées, mais pour accroître son influence, ce qui est conforme à sa nature pour le moins ambiguë.

Ce que veut le FN

Nous aboutissons finalement au vrai paradoxe du Front national. Si la majorité des dirigeants du mouvement appartiennent à l'une des sept familles précitées, la plupart des 75 000 militants de base se reconnaissent tout simplement dans la personnalité fantasque de Le Pen, et dans les propositions du Front.

Il nous faut donc étudier le programme du parti populiste. Mais dès l'abord, la plus grande prudence s'impose. Le propre du FN, c'est le louvoiement pragmatique. Souchée sur quelques principes fondamentaux, la ligne politique frontiste évolue souvent au gré des événements et des «petites phrases» — en général assassines — de Jean-Marie Le Pen. Si nous voulons malgré tout nous faire une idée des thèmes principaux, reprenons le programme diffusé lors de l'élection présidentielle de 1988. Dans le prospectus officiel qu'il envoie à tous les électeurs inscrits, Le Pen donne « dix bonnes raisons de voter » pour lui.

1. « Le retour chez eux des immigrés du tiers monde : pour la défense de l'identité nationale ». Cette proposition, première et architectonique, est au cœur de toute démarche nationaliste. L'identité est le moteur de l'engagement d'extrême droite. En réclamant avant tout le départ des immigrés, Le Pen sous-entend que le mélange des cultures sur un même sol tue l'identité. Sa démarche est fondamentalement différencialiste. Elle postule une égalité des ethnies, dans la différence et l'éloignement géographique.

2. « Pour la peine de mort ». Ici, nous sommes en plein populisme, en plein combat sécuritaire. C'est l'appel traditionnel de la droite à l'ordre public.

3. « La Sécurité sociale aux Français ». On voit toute l'ambiguïté du Front. Car s'il défend une option différencialiste, le FN n'hésite pas également à jouer des réflexes les plus xénophobes de son électorat. Visant au portefeuille, il ajoute d'ailleurs qu'il faut lutter « contre le SIDA par le dépistage systématique et le contrôle aux frontières ». On comprend que l'engagement au FN se fasse souvent sur des bases racistes primaires. Ici, même le SIDA vient nourrir la crainte de l'étranger.

4. « Moins d'impôt, moins de bureaucratie ». Comment oublier que Le Pen démarra sa carrière politique aux côtés de Pierre Poujade en 1956 ? Défenseur du petit commerce et de l'artisanat, Poujade brandissait en permanence l'étendard de la lutte antifiscale. Mais ici, Le Pen joue sur un autre registre : il développe aussi une vision libérale, héritée des travaux du Club de l'Horloge. Il s'agit d'un libéralisme identitaire, qui mêle au contenu libéral classique une régulation nationalitaire. Comme le dit Le Pen, il s'agit par exemple de protéger « les produits français contre les importations sauvages ». Libéral, oui, mais surtout pas « multinational ».

5. « Pour l'Europe des patries ». En 1979, la formule était défendue par le RPR. Le Pen y met deux significations : *a*) La défense de la France, et la nécessité d'un

État fort, capable de résister au danger terroriste ; on peut y voir un bémol au libéralisme, et un écho du nationalisme classique, qui bâtit toute sa théorie politique sur la nécessité de l'« État fort ». *b*) Pour une Europe européenne : le FN se situe clairement dans la perspective potentielle d'un nationalisme européen. Il s'agit d'élargir le nationalisme aux frontières de l'Europe.

6. « Pour une école du travail, du savoir et du mérite ». Peut-on imaginer revendication plus banale ? Le Pen place ici un couplet attendu à la gloire de l'« école libre ».

7. « Logement : les familles françaises, d'abord » : le Front revient de façon obsessionnelle sur la rhétorique de l'exclusion et du danger venu d'ailleurs. En populiste chevronné, il sait comment faire mouche : après l'argent, le logement. Thématique primaire : si les immigrés partent, il y aura davantage de logements sociaux pour les Français.

8. « Le revenu maternel pour les mères françaises ». Il s'agit d'un des plus vieux thèmes du Front national. On y discerne l'influence manifeste du lobby traditionaliste catholique. Le FN a longtemps lutté contre l'avortement. Plus subtil, il se contente maintenant d'exiger le « salaire maternel », sorte d'incitation à fonder des foyers français et à retirer les femmes du marché du travail.

9. « Chômage : la priorité d'emploi aux Français ». Toujours l'éternel retour de la peur de l'étranger, avec une précision : on apprend que le FN se bat « pour une diminution du chômage par la priorité d'emploi aux Français et aux Européens ». L'extension aux Européens est intéressante : un travailleur portugais ou yougoslave peut donc travailler en France. Nous retrouvons ici en arrière-plan la vision indo-européenne de la Nouvelle Droite.

10. « Le référendum d'initiative populaire ». Le Pen utilise ici l'arme dialectique. La plus grande critique de l'antifascisme à l'égard du Front est en général d'en faire un parti antidémocratique. Le mouvement populiste prend le contre-pied de l'attaque, et veut « rétablir la

démocratie» (selon le titre de la revue frontiste *Identité*
de juillet 1989). Le raisonnement est simple : le FN part
de l'idée que la démocratie occidentale moderne est cor-
rompue, parce qu'une oligarchie gouverne au détriment
des citoyens, que la corruption règne et que l'affairisme
prospère. Cet argumentaire rappelle évidemment celui
des ligues des années 30 : on identifie la démocratie exis-
tante à la corruption, à l'affairisme, aux lobbies, etc.
Mais il y a une différence : Le Pen appelle, non à détruire
la démocratie, mais à la renforcer.

Il souhaite le faire au moyen du référendum d'initiative populaire, sur des sujets ciblés : peine de mort, avortement... Deux remarques s'imposent :
a) Le référendum d'initiative populaire est la seule forme
d'élection réellement acceptée par l'ensemble de
l'extrême droite. Même les monarchistes, violemment
opposés à la démocratie parlementaire, l'admettent, car
ils y voient la forme moderne de ce qu'on appelait du
temps des rois l'«acclamation». Mettre en avant cette
forme de démocratie est manifestement un premier pas
potentiel vers la remise en question du parlementarisme.
b) Beaucoup de militants d'extrême droite ne critiquent
plus la démocratie dans son ensemble. Ils opposent ce
qu'ils appellent la «démocratie organique» à la démocratie parlementaire honnie. Cette vision a pour eux le
mérite de déjouer la critique qui en fait des adversaires
du fait démocratique. La démocratie à l'athénienne dont
rêve Le Pen n'est donc pas contradictoire avec les positions nationalistes révolutionnaires ou même monarchistes.

La pensée frontiste

Un œil pressé déduirait sûrement d'un tel programme
que le Front national est tout simplement un parti populiste, non fasciste, qui base l'essentiel de son attitude politique sur le rejet de l'immigration. Mais l'idéologie frontiste ne peut se réduire à une liste de mesures politiques.

Il se passe actuellement au sein du mouvement lepéniste un phénomène paradoxal. Pendant des années, le
réarmement théorique de l'extrême droite a été essentiellement le fait de laboratoires métapolitiques :
GRECE et Club de l'Horloge. Or on assiste depuis le
milieu des années 80 à un curieux retour de bâton. De
nombreux cadres de la Nouvelle Droite rejoignent le FN
et y poursuivent leur démarche « métapolitique ».

On assiste donc à une sorte d'irruption de la pensée
sur la scène frontiste. Concrètement, le phénomène se
traduit par la création en 1989 d'un conseil scientifique
du Front national[7], qui patronne la revue théorique
Identité. Ce n'est pas tout. L'élaboration théorique se
double d'un souci de formation idéologique. Dirigé par
un maurrassien, Georges-Paul Wagner, l'Institut de formation nationale se charge d'éduquer les militants de
base, pour essayer de leur faire dépasser le stade xéno-
phobe réflexif. Le dispositif est complété par un centre
d'études et d'argumentaires, animé par Jean-Yves Le
Gallou, et par un atelier de propagande, qui étudie la
communication du Front. Toutes ces cellules de recherche travaillent en permanence la doctrine frontiste, avec
le souci manifeste de l'enraciner dans le corpus idéologique de la droite radicale.

Un exemple : le numéro de mai-juin 1990 d'*Identité*
porte sur l'écologie. La démarche employée est très révélatrice. Le dossier s'ouvre sur un texte de Jean-Marie
Le Pen, qui se place immédiatement sur un terrain dialectique. Pour le président du FN, il faut promouvoir
une écologie d'ordre spirituel : « Nous constatons que
les esprits sont pollués par les déchets idéologiques : égalitarisme, matérialisme scientiste, progressisme, relativisme moral, etc. Un monde écologiquement pur n'est
pas seulement débarrassé de la toxicité de l'agression chi-
mique, mais aussi de l'irradiation des idées mortelles
pour les sociétés. » Quelle violence ! Pour Le Pen, le
combat prioritaire, c'est celui des idées : en évoquant
parmi les pollutions l'égalitarisme et le relativisme moral,
il nous indique la position frontiste. L'affirmation iné-

galitaire provient sans doute de l'influence du GRECE. La lutte contre le relativisme moral est par contre d'origine traditionaliste catholique. Il est clair que l'on emprunte ici à toutes les écoles de droite pour fonder une doctrine adaptée aux combats actuels. Le parti lepéniste est un pur produit de synthèse : l'aboutissement optimal de l'évolution idéologique que connaît l'extrême droite depuis plus de vingt ans.

Tout le numéro d'*Identité* tourne autour d'un axe fort simple : face à l'écologisme, suspect de complicité avec la gauche et le « lobby mondialiste », il faut promouvoir l'écologie, qui est en réalité un thème de droite. Dès lors, le parcours est balisé. Où l'on voit Le Pen se transformer en une sorte de chantre écologiste de la qualité de la vie, avec en prime une tirade contre la société de consommation : « Comment, sans un effort politique, persuadera-t-on les Occidentaux de renoncer à un désir effréné de biens de consommation à travers lesquels ils ne rencontrent plus la vérité des choses : la quantité a tué en eux le goût réel et physique de la nature, ainsi que la perception du vrai. L'artificiel devient la règle. La source qui jaillissait pure au creux du rocher est désormais chargée de phosphates et de nitrates. » Partant d'un thème politique, l'écologie, *Identité* finit donc par critiquer « le matérialisme, ennemi de l'environnement ».

Le souci doctrinal se double d'un souci formateur, d'autant plus prégnant que la grande majorité des adhérents du FN se contente en général d'exprimer une xénophobie instinctive. Comment le lepéniste « lambda » a-t-il réagi lorsque le FN a défendu une option pacifiste, plutôt favorable à l'Irak, lors de la crise du Golfe consécutive à l'invasion irakienne du Koweït ?

Surprenante sans doute, cueillant à froid nombre de nationaux atlantistes, la position frontiste plonge en fait ses racines dans les thèses de la Nouvelle Droite. On peut à bon droit y voir l'influence plus ou moins directe de gens comme Bruno Mégret ou Pierre Vial. Mais il nous semble que cette évolution pacifiste a eu une autre conséquence : elle a forcé les militants de base à méditer sur leur doctrine. Elle les a tirés des somnolences racistes. Il y a eu une mobilisation idéologique. C'est sûrement ce que souhaitait la direction. Faire évoluer progressivement l'adhérent de base pour générer de futurs cadres, armés d'un bagage théorique nationaliste.

Mais tout cela n'empêche pas la persistance de vieux démons...

Les démons flous

Dans *National-Hebdo* en date du 23 mars 1989, on découvre un texte proprement hallucinant. Véritable nouvelle de science-fiction, *le Grand Comité des Sept* met en scène une mystérieuse et imaginaire réunion des... maîtres du monde. L'auteur, François Brigneau, est un vieux pamphlétaire nationaliste, et un compagnon de route du Front depuis les origines.

Tirant à 100 000 exemplaires, *National-Hebdo* n'est pas officiellement une publication du FN. Mais il incarne de facto l'expression de sa famille nationaliste classique. Revenons donc à ce fameux Comité des Sept : « Nous sommes au 77e étage, au-dessus d'une grande métropole de béton, d'acier et de verre. (...) Le plafond de glaces noires diffuse une lumière étrange, comme pailletée et couleur saumon. De l'autre côté de vitres hermétiquement fermées qui permettent de voir sans être vus, passent des dirigeables publicitaires, des hélicoptères, et parfois, de temps à autre, un nuage que le soleil irise. Sa présence insolite rappelle que les hommes n'ont pas encore totalement colonisé le ciel. »

Nous voilà jetés en plein récit. Petit à petit, Brigneau isole sa cible : « Au bout de la salle, derrière une table couverte d'un tapis noir et or, sept fauteuils sont vides, et derrière les fauteuils, sur une grande tenture de velours sombre, on voit, incrustés en or également, un globe terrestre, une équerre, un œil d'où partent en sept faisceaux des rayons de soleil, un chandelier à sept branches, et cette phrase : "Ce monde est à nous, si..." » D'un seul

coup, nous plongeons dans l'univers fantasmatique du
«complot judéo-maçonnique». Une rengaine qu'on
aurait pu croire enterrée depuis l'Occupation. Mais dans
l'imaginaire désorientant de Brigneau, les symboles plus
ou moins maçonniques se mêlent allégrement au chandelier israélite.

Au bout d'un certain temps, «une sonnerie retentit».
La mystérieuse réunion commence. Voici comment
l'écrivain nationaliste décrit les participants : «Le rideau
coulisse. Il découvre sept hommes debout qui s'avan-
cent d'un même pas en ligne, sur un rang. Ils portent
tous le smoking noir, avec une petite planète au revers
de soie de leur veston, une cravate noire, des gants noirs
et un loup noir. Celui-ci m'empêche de les décrire plus
précisément et d'être ainsi condamné, en même temps
que mon ami Roland Gaucher, pour provocation à la
haine et à la discrimination à l'encontre d'une personne
en raison de ses origines.» On ne saurait être plus clair
tout en étant voilé. Un peu plus loin, nous apprenons
que le Grand Maître n'est évidemment pas vraiment
français : «Le Grand Maître parle, en français, d'une
voix métallique et lente. Ce n'est pas une voix française,
sans qu'on puisse deviner dans quelle autre nation que
la France elle aurait été apprise.»

Mais où veut en venir François Brigneau? A quoi rime
ce cirque d'un autre âge, étalé sur deux pleines pages
du journal lepéniste? Il s'agit justement de défendre le
Front national, qui serait la victime d'un gigantesque
complot ourdi par le «Comité des Sept». Ecoutons le
«Grand Maître» : «Je n'ai pas besoin, je l'espère, de
vous rappeler la règle suprême de l'Ordre mondial dont
vous avez sollicité la reconnaissance et obtenu l'initiation. Cette règle est celle du secret absolu. [...] Nous vous
avons réunis d'urgence pour vous remettre les directi-
ves BAX de mise hors la loi politique et de destruction
du Front national.» Las ! Toute cette logorrhée n'avait
qu'un but : prouver que le Front national est une
victime.

Dans son outrance et son extrémisme, le texte de Brigneau en dit beaucoup... sur le Front. Car au-delà des prétentions scientifiques et des conseils de sages, le parti lepéniste gère au quotidien une vision du monde basée sur le complot. Dans *le Monde* du 10 novembre 1988, Olivier Biffaud note un « retour de l'antisémitisme dans l'extrême droite française ». Il est vrai que depuis le 13 septembre 1987, où Le Pen a qualifié les chambres à gaz de « point de détail » de l'histoire de la Seconde Guerre mondiale, le FN semble chercher la provocation par tous les moyens. Le président du FN prend-il un malin plaisir aux petites phrases ambiguës ? Le 2 septembre 1989, il fait un « bon » mot sur « Durafour-crématoire »... Peu après, un « modéré » du Front, qu'on pourrait classer dans la famille nationale conservatrice, François Bachelot, donne bruyamment sa démission. Dans une interview accordée au *Monde* (9 septembre 1989), il affirme alors qu'on lui a expliqué, en l'excluant, que « ce sujet avait été abordé pour faire renaître la droite nationale ».

Il pourrait donc y avoir une stratégie concertée. A travers des organes de presse « amis », tels *Présent*, *National-Hebdo* ou *le Choc du mois*, le FN distille une idéologie basée sur la recomposition d'une droite antisémite, antimaçonnique et ennemie des lobbies, à l'image de celle des années 30. Cette attitude est logique. Elle correspond d'une part à la volonté frontiste de regrouper la droite populiste, d'autre part à sa nature profonde, qui consiste à diffuser dans l'opinion des thèmes d'origine nationaliste.

Jean-Marie Le Pen est le premier à mener cette campagne, fondée sur un subtil jeu dialectique de « légitime défense ». Dans *le Choc du mois* de janvier 1990, il affirme sans complexe : « J'ai le sentiment, honnêtement, d'être un persécuté racial. D'être persécuté comme indigène français, comme si le fait de posséder des parents et des grands-parents français était une tare, et fasse de moi un citoyen de deuxième zone auquel on ne reconnaît même pas les droits que l'on reconnaît aux Canaques en Nouvelle-Calédonie. Mais, Dieu merci, il reste encore quelques dizaines de millions d'indigènes de mon genre, qui, même si certains sont d'origine étrangère, sont aussi passionnément français que moi. »

Habilement, prudemment, Le Pen amène l'idée que le Français de France est un être persécuté. Mais par qui ? « La communauté juive doit se rendre compte que ces gens qui parlent en son nom, sans être mandatés, lui font courir les plus grands risques. Ils insultent des millions de Français et leur prêtent des intentions hostiles à leur égard alors que cela n'est contenu dans aucun discours, aucune déclaration, aucun décret. Cela se passe uniquement dans la tête d'un certain nombre de conspirateurs dont on peut se demander d'ailleurs au service de qui ils travaillent, en essayant ainsi de démanteler la cohésion de l'esprit national et la concorde des citoyens. » La stratégie de Le Pen est double : il dénonce une « conspiration », et tente une sorte de dissociation entre la communauté juive et ses représentants. Ce subtil distingo entre l'individu et le lobby ne semble pas très probant. C'est encore une finasserie dialectique.

Dans *le Choc du mois* de mai 1990, François Brigneau remet le couvert avec son habituelle pugnacité. Sous le pseudonyme imagé de Mathilde Cruz, il publie un article au titre éloquent : « Pour le lobby juif, un seul ennemi : Jean-Marie Le Pen ». Est-ce encore un coup du « Comité des Sept » ? : « Pour le lobby juif, Le Pen est l'ennemi public numéro un et l'homme à abattre. Il suffit pour s'en convaincre de feuilleter sa presse. C'est une épreuve pénible. On baigne dans l'obsession, l'hystérie et la haine. » Dans le genre obsessionnel, reconnaissons que François Brigneau est lui-même un expert. On cherche en vain les textes où le militant lepéniste ne glisse pas quelque allusion à cet ennemi personnel : la communauté juive. Examinons *le Choc du mois* de juin 1990. On y trouve, en guise d'éditorial, une réflexion sur l'affaire de la profanation de tombes juives à Carpentras au mois de mai : « Carpentras était la capitale du berlingot, spécialité de sucre d'orge au caramel, bonbon charmant et bien de chez nous. Dans le courant du mois de mai, elle est devenue la capitale de la berlue-goy.» Dans le même numéro, Bruno Mégret, délégué national du FN, chante un autre couplet. Évoquant le révisionnisme historique, qui remet en question le géno-cide nazi, il affirme qu'«interdire à certains de douter d'une "vérité officielle" et les pourchasser sans autre forme de procès revient à rétablir en France un délit d'opinion aboli depuis plus d'un siècle, ainsi qu'à remet-tre en question la liberté d'expression». La défense de Robert Faurisson est implicite.

On pourrait multiplier à l'envi les citations orientées ou haineuses, les «bon mots» discutables et les campa-gnes antilobby. D'un point de vue idéologique, cette atti-tude s'explique de deux façons. Il est d'abord évident qu'à travers le recours aux vieux démons le Front natio-nal situe le terrain sur lequel il fonde son action. Il s'agit clairement du nationalisme classique. Les principaux res-ponsables des textes les plus haineux ont tous un lourd passé militant. Il y a une volonté d'ancrage nationaliste.

Il faut remarquer ensuite que la théorie conspiration-niste n'est pas un fait nouveau. La frange la plus catho-lique du nationalisme développe depuis longtemps des thèses de complot. Le principal vecteur de cette attitude est la revue *Lectures françaises*, fondée par Henry Cos-ton en 1956.

Personnage clef de l'extrême droite française, Cos-ton a une histoire chargée. Ancien collaborateur, il fut condamné à la Libération, puis gracié. Depuis la fin de la guerre, il se livre à un infatigable travail d'archivage de la vie politique française. Auteur d'un *Dictionnaire de la politique française*, il a également publié à compte d'auteur de nombreux ouvrages pamphlétaires : *Les financiers qui mènent le monde, la France à l'encan, la Fortune anonyme et vagabonde*, ou encore *Le veau d'or est toujours debout*. D'un titre à l'autre, une seule obses-sion : combattre par tous les moyens l'influence des «lobbies», et plus particulièrement celle du judaïsme. Dans tous ses livres, Henry Coston décrit de sombres conspirations mettant tour à tour en jeu la franc-maçonnerie, la Trilatérale, la communauté juive ou les chrétiens de gauche. Aujourd'hui très âgé, le pamphlétaire règne symboliquement sur *Lectures françaises* et sur un réseau de librairie par correspondance : la Diffusion de la pensée française, qui met en vente des livres nationalistes, catholiques, révisionnistes, et parfois antimaçonniques.

Soutenant activement le FN, *Lectures françaises* est plutôt proche de Romain Marie et de la famille traditionaliste catholique. Précisons que la Diffusion de la pensée française se livre aussi à un travail métapolitique de redécouverte des auteurs nationalistes. Mais elle se situe évidemment dans une optique principalement catholique et maurrassienne. Véritable spécialiste du complot tous azimuts, la DPF publie de nombreux auteurs conspirationnistes, tel Yann Moncomble, auteur de *la Maffia des chrétiens de gauche*, ou de célèbres pamphlétaires des années 30, comme Léon de Poncins, qui passa une grande partie de son existence à pourfendre l'«influence occulte» de la franc-maçonnerie. Actuellement dirigée par Jean Auguy, *Lectures françaises* est présente dans tous les rassemblements du Front, et y diffuse l'ensemble de sa littérature. Il est clair que le mouvement de Le Pen subit l'influence de cette sensibilité nationaliste, qui cohabite sans trop de heurts avec les solides doctrinaires païens venus du GRECE.

Un rassemblement hétéroclite

Professeur de sciences politiques à la faculté de droit de Rennes, Philippe Bénéton l'a fort clairement dit dans *le Figaro-Magazine* du 15 septembre 1990 : « Le Front national est, autant que je sache, un parti hétérogène. »

Ici réside toute l'ambiguïté d'un mouvement dont la vocation première est de servir l'ambition politique de Jean-Marie Le Pen. Le président du FN sait très bien qu'il doit gérer en permanence une machine instable, divisée en courants contradictoires. Pragmatique avant tout, il lui faut en permanence rassurer les diverses familles et leur donner des gages.

La politique pro-irakienne est manifestement un satisfecit donné aux émules de la Nouvelle Droite. Quant à la campagne contre les lobbies, elle n'a pu que plaire aux traditionalistes catholiques. Les nécessités internes rendent parfois sinueuse la ligne frontiste. Il faut dire que Le Pen, comme tout populiste qui se respecte, est avant tout un démagogue roué, qui sait avec art récupérer à son profit les luttes des paysans, des petits patrons ou des commerçants. Comme le dit Philippe Bénéton, « le Front national, à la différence de bien des partis, parle de la vie des gens, de leurs problèmes quotidiens. C'est une de ses forces par rapport à d'autres formations dont les programmes s'en tiennent trop souvent à des considérations d'ordre général, et laissent de côté la réalité concrète ».

Que le Front national sache capter la *vox populi*, nul n'en doute plus. Mais il est plus que probable que l'électeur moyen du FN ignore tout de ses véritables racines idéologiques. Là est le vrai danger.

2.
Néodroitisme : métapolitique, d'abord !

Inutile de le nier. Les courants de la Nouvelle Droite
représentent depuis leur origine le principal laboratoire
de l'extrême droite française. On leur doit la plupart de
ses changements dialectiques et idéologiques, du rejet
de l'Occident au dépassement du nationalisme en passant par la théorisation du différencialisme. On pourrait donc observer que si le frontisme élabore
systématiquement une doctrine politique ciblée et par-
cellaire, le néodroitisme a une démarche exactement
inverse : il se situe dans l'univers du métapolitique, et
rénove en profondeur le bagage de l'ultradroite.

Mais au fait, la Nouvelle Droite, c'est qui ? C'est
quoi ? Il y a dix ans, tout aurait été simple. Deux réseaux
occupaient pleinement l'espace : le Groupement de
recherches et d'études pour la civilisation européenne
(GRECE) et le Club de l'Horloge (CDH). Aujourd'hui,
même si ces deux structures continuent à exister, de nombreux néodroitistes ont choisi de se disséminer à travers
la droite française, journalistique, intellectuelle ou
politique.

La Nouvelle Droite n'a jamais eu pour vocation d'être
un parti de masse. Elle a au contraire toujours cherché
à dégager des « élites ». En fait d'élites, elle a révélé un
certain nombre d'intellectuels, souvent talentueux, tels
Alain de Benoist, Guillaume Faye, Pierre Vial, Michel

Marmin, ou encore Frédéric Julien. Leurs objectifs ?
Redonner un bagage idéologique à la droite, reconquérir le champ culturel, constituer une intelligentsia de
droite, et, surtout, refuser d'entrer dans l'arène : rester
en permanence sur la montagne du métapolitique.

Pour l'instant, le moins que l'on puisse dire, c'est :
mission inaccomplie. Le seul vrai fait d'armes du néodroitisme, c'est le réarmement idéologique de la droite.
Pour le reste, l'ouvrage est loin d'être achevé : le champ
culturel n'est pas encore dominé par les pensées droitistes. Quant à l'intelligentsia de droite, elle n'a toujours
pas quitté les rayons discrets des librairies « non
conformistes ». Même la volonté métapolitique a été bat-
tue en brèche. Nombre d'émules de la Nouvelle Droite
ont fini par rejoindre le Front national après un passage plus ou moins long dans les rangs de la droite
conservatrice : Pierre Vial, Bruno Mégret, Yvan Blot,
Jean-Yves Le Gallou... De l'élitisme au populisme. Un
parcours sinueux, mais finalement logique. Laboratoire
doctrinal, la Nouvelle Droite a toujours servi d'arsenal
aux autres.

La genèse

Le numéro de *Lectures françaises* en date de mai-juin
1968 mérite d'être examiné. Un titre angoissé barre la
couverture : « La Révolution est commencée ». Plusieurs
articles viennent témoigner d'un véritable complot : Mai
68 serait l'œuvre... des services secrets chinois. Au milieu
de l'apocalyptique résumé des événements, une notule
tranche sereinement sur la hargne de l'ensemble : on y
annonce la parution à Nice d'un bulletin ronéotypé,
Nouvelle École, qui serait « animé par M. Jacques
Bruyas, ancien cadre local de l'ancien REL[8], directeur
du CDPU[9], et M. Alain-Marie de Benoist, de l'équipe
d'Europe-Action, connu jusqu'ici dans les milieux
d'extrême droite sous le pseudonyme de Fabrice
Laroche ».

La Nouvelle Droite est donc fondée par d'anciens militants du groupe Europe-Action en pleine période d'agitation soixante-huitarde. La première réunion centrale du GRECE se tient d'ailleurs à Lyon les 4 et 5 mai 1968, c'est-à-dire au tout début des événements. Cette circonstance historique a-t-elle joué? A-t-elle influencé l'élaboration du concept GRECE-*Nouvelle École*? Dans la préface d'un recueil de textes publié en 1979 aux Éditions libres Hallier, *les Idées à l'endroit*, Alain de Benoist accrédite la thèse : « Ce que la presse appelle ''Nouvelle Droite'' est en fait un ensemble — informel, je l'ai déjà dit — de groupes d'études, d'associations et de revues, dont l'activité se situe exclusivement sur le terrain culturel. Ses promoteurs sont de jeunes universitaires, de jeunes journalistes, de jeunes chercheurs, âgés pour la plupart de 30 à 35 ans. Ils avaient 20 ans vers 1967-1968. Ils se sentaient alors en rupture complète avec la vieille droite, tant sur le plan de la sensibilité que sur celui des idées. »

Nous savons donc que la Nouvelle Droite est née en 1968. Mais est-elle née *de* 68? La fable est jolie mais un peu courte. Dans *Fascisme français* (Flammarion), Pierre Milza décrit une tout autre genèse : « ... la Nouvelle Droite idéologique n'est fille ni de la crise que traverse le monde occidental depuis près de quinze ans (...) ni de la réaction aux événements du printemps 1968. Elle est directement issue du constat d'échec que font, au lendemain de la débâcle de 1962, un certain nombre de militants appartenant à la fraction intellectuelle du courant néo-fasciste et de l'activisme Algérie française. »

Le GRECE s'est constitué en 1967-1968, sur les restes du mouvement Europe-Action, lui-même fondé en 1963 par Dominique Venner et Jean Mabire. Développant à ses débuts un nationalisme classique, qui l'amène notamment à soutenir la candidature de Tixier-Vignancour à l'élection présidentielle de 1965, Europe-Action est aussi un atelier où sont mises en chantier certaines des thèses reprises plus tard par le GRECE à partir de 1968. Ce mouvement est en tout cas né de la décolonisation en Algérie.

L'affirmation de Pierre Milza doit cependant être nuancée. Nous avons vu précédemment à quel point l'extrême droite a raté le coche de 68, à quel point elle n'a su alors que se mettre à la remorque du gaullisme. Le mot d'ordre de base du GRECE, c'est : « Plus jamais ça ». Considérant que le nationalisme français est en ruine, il va s'atteler à le rendre à nouveau compétitif.

La Nouvelle Droite est donc le premier vrai sursaut de l'extrême droite après la défaite algérienne. Ce sursaut s'est effectué grâce au détonateur de mai.

Tabula rasa

En réalité, la poignée de jeunes nationalistes qui crée le GRECE en plein milieu des événements de mai 1968 part d'un constat lucide ; l'extrême droite est une force politique en voie d'extinction totale. Elle ne représente plus qu'un vieux sac d'aigreurs et de fantasmes. Dès lors, une seule attitude s'impose : donner l'ultime coup de poignard, liquider le passé, faire table rase, tout remettre à plat, et reposer la question du fondement. Ce travail de révision généralisée s'effectue en trois stades.

Première étape : Qu'est-ce qu'un homme de droite ? interroge Alain de Benoist dans *les Idées à l'endroit.* « J'appelle ici de droite, par pure convention, l'attitude consistant à considérer la diversité du monde, et, par suite, les inégalités relatives qui en sont nécessairement le produit, comme un bien, et l'homogénéisation progressive de ce monde, prônée et réalisée par le discours bimillénaire de l'idéologie égalitaire, comme un mal (...). C'est dire qu'à mes yeux, l'ennemi n'est pas ''la gauche'' ou ''le communisme'', ou encore ''la subversion'', mais bel et bien cette idéologie égalitaire dont les formulations, religieuses ou laïques, métaphysiques ou prétendument scientifiques, n'ont cessé de fleurir depuis deux mille ans, dont les ''idées de 1789'' n'ont été qu'une étape, et dont la subversion actuelle et le communisme sont l'inévitable aboutissement. »

On ne saurait être plus direct. Le fondement même de la Nouvelle Droite, c'est la reconnaissance du fait inégalitaire. Elle y voit même le critère absolu qui différencie l'homme de droite des autres bipèdes. C'est dire que nous ne sommes pas ici sur un terrain politique, mais culturel. Il s'agit pour l'extrême droite de se définir philosophiquement comme une théorie de l'inégalité.

Sur cette base radicale, le GRECE va constituer une véritable contre-encyclopédie : piochant sans complexe dans toute l'histoire de la pensée, il se nourrit voracement d'auteurs parfois inattendus. Alain de Benoist cite en vrac « Jacques Monod et Georges Dumézil, Louis Rougier et Jules Monnerot, Max Weber et Pareto, Arnolf Gehlen et Max Scheler, Ferdinand Tönnies et Montherlant, Mircea Eliade et Bertrand Russell, Ernst Jünger et Ugo Spirito, Nietzsche et Heidegger, Carl Schmitt et Oswald Spengler, Giuseppe Prezzolini et Stéphane Lupasco, D. H. Lawrence et Marinetti, Proudhon et Barrès, Konrad Lorenz et H. J. Eysenck » (*op. cit.*). N'en jetez plus ! C'est la Bibliothèque d'Alexandrie.

Deuxième étape : Après l'homme de droite, l'homme blanc en général. Pour le néodroitisme, il lui faut retrouver ses « vraies » racines : « Notre projet est d'établir, à l'état conscient et formulé, la réactivation sous une forme hypermoderne d'une autre vision du monde, immémorialement présente dans la conscience européenne, qui prit la forme du paganisme antique, et qui, de l'art ogival à Galilée, de Nietzsche à Colette, demeure toujours vivace comme un recours pour un monde perdu. » Ces lignes de Guillaume Faye sont tirées de la brochure *Pour un gramscisme de droite*, publiée en 1982.

Elles donnent de l'homme de « Nouvelle Droite » une définition ultime : inégalitariste, il est aussi païen, parce que indo-européen. Considérant l'apport judéo-chrétien comme étranger à la mentalité européenne, le néodroitisme réhabilite le paganisme antique, au nom de la célé-

bration de la vie : « L'épicentre des valeurs que nous
défendons est constitué par la reconnaissance des réalités fondamentales de la vie, telles que les sciences
de la nature nous les font apparaître, mais aussi telles
que, depuis Héraclite et Homère, notre philosophie
profonde nous les fait vouloir », affirme Guillaume
Faye.

Troisième étape : Cette définition identitaire de l'Indo-
Européen païen est-elle raciste ? Pas du tout, s'écrie
Alain de Benoist : « Je condamne sans aucune excep-
tion tous les racismes » (*op. cit.*). Dénonçant effectivement le suprématisme, ainsi d'ailleurs que le biologisme,
il bâtit sa théorie des différences sur des critères strictement culturels.

Ce n'est pas nouveau. Julius Evola se définissait déjà
en son temps comme un « raciste spirituel ». Ne jouons
pas sur les mots : il est visible que l'héritage culturel indo-
européen correspond à l'identité européenne, donc au
monde blanc. Loin de combattre réellement le racisme,
la Nouvelle Droite s'entoure d'un prudent camouflage.
Ce n'est pas le racisme qu'elle condamne, mais sa version suprématiste, impliquant la supériorité d'une race
sur les autres. En lui opposant la jolie formule du « droit
à la différence », revendication traditionnelle de toutes
les minorités, elle parvient non seulement à banaliser le
racisme, mais encore à l'insérer dans le discours de l'époque, et à le respectabiliser en lui donnant un fondement
culturel.

Une métapolitique pour l'action

Aujourd'hui animateur du GRECE, Charles Champetier est encore étudiant lorsqu'il crée l'Institut de documentation et d'études européennes (IDEE), un petit
groupe indépendant qui se situe dans la ligne néodroitiste. On lui doit en 1988 une petite brochure ronéotée
de huit pages : *Europe troisième Rome*. L'intérêt du

document est qu'il synthétise les principales propositions de la Nouvelle Droite.

Pour l'IDEE, les « axes de réflexion pour libérer l'Europe » sont au nombre de neuf :

1. « L'Empire européen » : Comme on l'a vu dans la deuxième partie, l'« impérialisme » se comprend dans la mesure où l'empire est « le fédérateur non homogénéisant des ethnies européennes ».

2. « Le régionalisme ethnique » : Prônant la décentralisation, la ND va jusqu'à remettre en question la légitimité des frontières historiques : « La région est le fruit de l'intégration historique d'un groupe humain à un milieu naturel. » Il s'agit donc de promouvoir un empire de régions, plutôt que de nations.

3. « La démocratie organique » : Nous savons que l'extrême droite est traditionnellement hostile au principe démocratique. Jouant sur les mots, l'IDEE oppose « démocratie libérale » et « démocratie organique » : il s'agit d'une démocratie forcément locale, qui confère un certain pouvoir électif au niveau des professions ou des régions. Le vecteur privilégié de la « démocratie organique » est bien sûr le référendum, ce qui rapproche le néodroitisme du Front national, à moins que ce ne soit le contraire.

4. « L'aristocratie populaire » : C'est clair. Le régime idéal que souhaite la ND n'est évidemment pas démocratique. Elle appelle à la formation d'une aristocratie du mérite, qui se nourrit dans toutes les castes de la société.

5. « L'économie communautaire » : Le néodroitisme est largement divisé sur un point notable : l'économie. Tandis que le Club de l'Horloge défend la thèse du « libéralisme identitaire », le GRECE et l'IDEE sont violemment antilibéraux : « L'économie n'est pas une fin, mais un moyen au service du politique », écrit Champetier, qui ajoute : « Elle n'est pas un mécanisme autorégulé ou hyperrégulable, mais obéit aux lois du vivant. » L'économie communautaire suppose quant à elle « une direction politique de l'activité économique », pour « per-

mettre l'émergence d'un civisme économique supérieur aux intérêts de l'apatride profit marchand ».

6. « L'indépendance militaire » : Hostile aux deux blocs, et souvent très antiaméricaine, la ND a été parfois accusée par d'autres mouvements d'extrême droite de faire le jeu de l'URSS. Ici, l'IDEE demande le démantèlement de l'OTAN, tout en appelant à une défense militaire européenne.

7. « L'autarcie économique » : C'est le complément économique de la notion d'empire. Chaque région « impériale » doit pouvoir se suffire à elle-même. L'autarcie permet de « rejeter l'ordre économique mondial imposé par les États-Unis depuis la Seconde Guerre mondiale ». Il s'agit concrètement de diviser la planète en « régions économiquement autarciques et concurrentes, fondées sur des ensembles politiquement et ethniquement homogènes ».

8. « L'identité culturelle » : l'IDEE la définit exclusivement par rapport à l'influence américaine. Il lui oppose une « culture combattante » européenne. Il faut dire que tout le combat néodroitiste se situe sur un plan résolument culturel, non au sens des beaux-arts, mais au sens du champ culturel, de l'épistêmé qui domine une époque. La Nouvelle Droite veut conquérir notre champ culturel. Elle sait pertinemment que l'imprégnation culturelle est beaucoup plus efficace que l'action politique.

9. « Le paganisme » : L'identité européenne est définie comme païenne. Pour Charles Champetier, « le paganisme est la religion authentique de l'Europe ». Ici, le texte se fait philosophique. Empruntant à Nietszche, mais aussi à Evola, il définit le paganisme comme « une vision du monde issue de notre patrimoine indo-européen, fondée sur le réenchantement du monde, l'affrontement de notre volonté de puissance et du devenir, la modernité, l'arraisonnement faustien du monde, une conception de l'homme comme démiurge, maître et créateur de son destin ».

La différence spécifique du Club de l'Horloge

Le Club de l'Horloge (CDH) occupe au sein de la mouvance une place à part. Au départ, rien ne le distingue pourtant des divers cercles mis en place par le GRECE au cours des années 70.

Le Club de l'Horloge est fondé en 1975 par Yvan Blot, (ancien animateur du Cercle Pareto, qui regroupe alors les sympathisants grécistes à Sciences Po), Alain Devaquet et Jean-Yves Le Gallou (énarque lui aussi, fonctionnaire, et collaborateur régulier de *Nouvelle École*). Au fond, le nouveau club ne vise au début qu'à rassembler de jeunes cadres de l'administration ou du secteur privé, tous frais émoulus des grandes écoles. Mais très vite, le CDH va prendre ses distances vis-à-vis de la maison mère du GRECE.

Maniant un discours beaucoup plus modéré, les « horlogers » veulent constituer un laboratoire d'idées au service de la droite politique. C'est dire que, pour eux, le primat du culturel est relégué aux oubliettes. Autre divergence : le Club de l'Horloge n'épouse absolument pas la vision païenne et indo-européenne du GRECE. Il ne le suit pas non plus dans la critique de l'Occident et la notion d'empire.

Par contre, les deux structures convergent sur l'antiégalitarisme, le concept d'identité et « la nécessité de préserver les différences ». On trouve aussi dans le CDH une méfiance toute gréciste à l'égard de l'Amérique.

Le Club de l'Horloge est-il alors une version « soft » du GRECE, assoiffée de respectabilité, et désireuse d'influencer la droite traditionnelle ? En un sens oui. Mais les horlogers divergent radicalement de leurs anciens compagnons sur un point important : l'économie. Là où le GRECE se veut farouchement antilibéral, le CDH prône farouchement le libéralisme. Mais à bien y regarder, le soutien n'est pas dénué d'arrière-pensées. Les horlogers opposent en effet le « libéralisme identitaire » au « libéralisme cosmopolite ». En clair, les néodroitistes du CDH défendent un libéralisme fort tempéré par la reconnaissance du primat identitaire. Ce « libéralisme national », qui veut privilégier l'intérêt collectif, ne peut faire l'économie d'une régulation étatique du marché. Il est donc loin d'être absolu, même s'il est brandi comme un étendard.

En fin de compte, le Club de l'Horloge semble bien partager la majorité des valeurs de la Nouvelle Droite. Quant à Yvan Blot et Jean-Yves Le Gallou, ils sont tous deux aujourd'hui membres du Front national. Est-ce un constat d'échec ? Loin d'influencer l'ensemble de la droite traditionnelle, le CDH semble être principalement aujourd'hui un laboratoire d'idées au service du Front.

Sortir du ghetto ?

Il nous reste sans doute à poser la question des questions : la Nouvelle Droite a-t-elle, oui ou non, triomphé dans son entreprise de reconquête du champ culturel ?

A priori non. Son influence reste limitée au cadre précis de l'ultradroite. Malgré tous ses efforts de respectabilité, elle n'a pu sortir du « ghetto ».

Qui influence-t-elle vraiment ? Avant tout les mouvements nationalistes révolutionnaires (Troisième Voie, Espace nouveau), nationalistes classiques (Parti nationaliste français et européen) et néo-nazis (Faisceaux nationalistes européens). Sans oublier, bien sûr, le Front national : nous avons vu que les transfuges du GRECE et du CDH y étaient nombreux. Ils occupent dans l'ensemble des postes de responsabilité, et pèsent d'un poids certain sur la ligne du Front. Citons notamment Jean-Yves Le Gallou (membre du bureau politique, secrétaire national aux élus), Bruno Mégret (membre du bureau politique, délégué général) ou Yvan Blot (membre du bureau politique).

D'autres hommes de la Nouvelle Droite ont tenté, çà

et là, quelques percées isolées. Alain de Benoist n'est plus membre du GRECE. Il édite depuis l'été 1988 une revue de haut niveau : _Krisis_. Mais malgré sa volonté d'ouverture et la diversité de ses thèmes, _Krisis_ n'en reste pas moins une revue néodroitiste. Il est d'ailleurs frappant de constater que l'influence évolienne y est de plus en plus visible.

Plus curieuse est la trajectoire de Guillaume Faye. Jeune espoir gréciste du début des années 80, il lance en 1986 un journal éphémère à grand tirage, _J'ai tout compris_, avant d'abandonner toute activité militante. Il est aujourd'hui animateur de radio sur le réseau FM Skyrock.

Le bilan est-il donc à ce point mitigé ? Pas tant que ça. Car s'il est vrai que la Nouvelle Droite reste confinée à la galaxie nationaliste, il est indéniable que ses idées sont aujourd'hui largement répandues. Si l'extrême droite connaît une montée en puissance et une respectabilisation progressive, elle le lui doit essentiellément. Grâce à l'action métapolitique du GRECE, les idées nationalistes ont perdu de leur aura «inquiétante». Elles se sont banalisées. Il est évident que le Front national est le grand bénéficiaire de l'opération.

Là est sans doute la véritable réussite du néodroitisme. C'est toute l'extrême droite qui est en train de rompre son isolement et de se réintégrer au jeu politique français. Ce processus d'intégration amènera-t-il une reconquête culturelle ? On peut l'imaginer. Et le redouter. La tâche de la Nouvelle Droite est loin d'être terminée.

3.

Nationalisme révolutionnaire :
le fascisme des origines

Si l'appellation n'était pas lourdement connotée, nous pourrions en toute tranquillité décrire le courant nationaliste révolutionnaire comme... national et socialiste. Les NR sont à la fois socialistes et nationalistes. Ils prônent activement la lutte anticapitaliste, et réclament une économie planifiée, étatique, où les grandes entreprises seraient nationalisées. Mais ne rêvons pas : nous n'avons pas affaire à des marxistes bon teint. Excluant toute lutte des classes, le programme nationaliste révolutionnaire reste corporatiste et solidariste.

Pourtant, le nationalisme révolutionnaire occupe au sein de l'extrême droite une place à part. Refusant de s'identifier aux courants nationalistes classiques, militant principalement à Troisième Voie ou à Espace nouveau, ses partisans ont une démarche de rupture. Dans un tract publié en 1988, *Troisième Voie : un combat pour la Révolution européenne*, le mouvement TV affirme par exemple qu'il faut « constituer de nouveaux fronts » pour « rompre une fois pour toutes avec l'extrême droite du système sous ses formes groupusculaires ou parlementaires ».

Cette prise de position est symptomatique. Les NR campent dans l'intransigeance doctrinale. Ils sont viscéralement hostiles à tout compromis dicté par le pragmatisme. Ennemis jurés de l'« esprit bourgeois » (stig-

matisé dans le journal *Espace nouveau* de mars 1990 sous
le titre : « La jeunesse contre l'esprit bourgeois »), ils
développent une attitude révolutionnaire anticapitaliste,
qui les placę dans une opposition résolue au Front national et à l'extrême droite modérée. Désireux d'en finir
« avec le folklore et la réaction », ils ne se réclament d'ailleurs plus de l'« extrême droite », mais rêvent « de nouvelles alliances (révolutionnaires du tiers monde,
neutralistes, écologistes...) et de nouveaux combats liés
au peuple et à son quotidien » (*op. cit.*).

Violemment antiaméricain, écologiste, laïc, tiers-
mondiste et socialiste, le courant NR représente donc
une sorte de « national-gauchisme ».

Des racines anciennes

C'est pourquoi ses propagateurs se réclament de la
« troisième voie » : ni capitaliste ni communiste, l'alternative terceriste (en référence à la troisième voie) ressemble beaucoup à celle du fascisme des origines ou de
l'aile « gauche » du Parti nazi. Un mélange de doctrine
nationaliste et de revendications socialistes.

Cela nous amène à un constat limpide : quelle que soit
son appellation, le nationalisme révolutionnaire actuel
est un phénomène ancien. Il se réclame d'ailleurs de tout
un édifice historique. Parmi les références principales
de Troisième Voie, on remarque plusieurs théoriciens
nationalistes de la république de Weimar (Niekish, Jünger, Paestel et Less), les doctrinaires de la Phalange espagnole (Hedilla, Ledesma Ramos), ou encore certains
socialistes français (Blanqui, Rossel, Proudhon). Tiers-
mondiste, TV admire aussi Peron, Nasser, et évidemment Saddam Hussein.

Mais l'influence la plus immédiate, la plus récente,
est sans aucun doute celle de la Nouvelle Droite : de tous
les courants d'extrême droite, le nationalisme révolutionnaire est celui qui a le plus subi l'influence néodroitiste.
On pourrait même dire qu'il est une sorte d'illustration

appliquée des thèses élaborées dans les ateliers du GRECE. C'est pourquoi on retrouve sur le visage terceriste de nombreux traits typiquements grécistes : anti-occidentalisme, tiers-mondisme de droite, différencialisme, écologisme. Des gens comme Guillaume Faye ou Frédéric Julien ont d'ailleurs participé aux deux courants.

Les 19 Points

Depuis 1979, les NR disposent d'un guide doctrinal synthétique : *les 19 Points* (Éditions Ars). L'idéologie terceriste y montre sa double dimension. *Nationalistes* classiques, les NR veulent un « État fort », défendent la « francité » et s'opposent à l'immigration. Européens convaincus, ils se réclament de l'« identité européenne », et craignent de voir des peuples non européens s'agréger à l'ensemble communautaire. Appelant à une « Grande Europe unitaire », ils prônent une défense commune. Ils veulent par ailleurs soutenir la natalité, ce qui ne les distingue en rien des autres familles de l'extrême droite.

Toute une partie du texte développe également un programme *socialiste*, qui s'appuie principalement sur la « planification du développement national » : le contraire absolu du libéralisme. Les NR vont plus loin. Ils soutiennent tout à la fois l'« appropriation nationale des grands monopoles », l'« abolition des privilèges bourgeois », l'« impôt unique sur le capital » et la « répression de l'usure et de la spéculation ».

Ces mesures anticapitalistes précèdent tout un train de réformes sociales : la création d'entreprises communautaires basées sur la participation, un « syndicalisme mutuelliste du travail », la « propriété corporative du métier » et un « renouveau de la vie sociale rurale ».

Sur le plan de la politique extérieure, les NR veulent « liquider l'hégémonie et l'invasion culturelle américaine en Europe » pour développer une politique méditerranéenne et africaine, c'est-à-dire axée sur la coopération avec le tiers monde.

Refusant de remettre en cause la démocratie, ils reprennent le distingo habituel entre « démocratie libérale » et « démocratie organique ». Leur conception de la démocratie est celle d'une « représentation organique de la nation et du peuple basée sur la profession et la région ». L'usage des élections est donc réservé au domaine corporatif et aux scrutins locaux et régionaux.

On le voit : *les 19 Points* couvrent tout le spectre de l'idéologie nationaliste révolutionnaire. L'absence de toute dimension raciste n'en est que plus criante. S'agit-il donc d'un oubli volontaire ou passager ? Proches de la Nouvelle Droite, les NR se définissent comme différencialistes et préfèrent pudiquement parler en termes de « cultures » plutôt qu'en termes d'ethnies. Mais la défense de l'« identité européenne » s'inscrit clairement dans une démarche de préservation raciale. C'est au nom de l'« identité » que le mouvement Troisième Voie mène une virulente campagne pour empêcher que la Turquie et Israël ne rejoignent un jour la Communauté économique européenne.

Romantisme néo-fasciste

Il y a chez les NR une autre particularité. En lisant *les 19 Points*, on tombe sur cette phrase un rien kitsch : « Le "fascisme" en lunettes noires, de Pinochet à Jaruzelski, est sans aucun doute le contraire du romantisme fasciste en chemise noire des années 20 ou 40. C'est en cela que nous dénonçons toute tentative de replâtrage autoritaire du régime. » On peut juger malsaine cette vision « romantique » des chemises noires des années 40. Mais nous touchons du doigt l'aspect le plus inattendu du tercerisme. Il s'inspire d'un certain « romantisme fasciste ».

Les NR soignent leur « look ». Mélangeant les symboles « bruns » et « rouges », ils piratent dans leurs journaux les slogans bolcheviques des années 30, ou les affiches de Mai 68. Cette attitude se reflète jusque dans leur mode de vie. Il y a un dandysme NR, et même des groupes rock « alternatifs » : Laibach, ou Vivenza.

Militant nationaliste révolutionnaire, Jean-Marc Vivenza a fondé un mouvement artistique : l'Œuvre Bruitiste. Comme son nom l'indique, ce petit groupe s'inspire tout à la fois des musiques industrielles et de l'héritage futuriste. « Nous sommes convaincus qu'il ne saurait y avoir de conscience créatrice révolutionnaire réelle sans conscience historique profonde », prêche-t-il dans un tract écrit en 1988, avant de conclure : « Ensemble, réalisons le travail indispensable du réveil tellurique des nations sous le fier étendard de l'Œuvre Bruitiste !!! »

Extravagant, le groupuscule ? Bien sûr. Mais l'outrance et le goût de la provoc ne l'empêchent pas de s'assigner des tâches fort sérieuses. L'Œuvre Bruitiste veut défendre l'« identité culturelle européenne », dans une « perspective révolutionnaire » : le « réveil » par le bruit.

Il n'en reste pas moins que le nationalisme révolutionnaire souffre d'une maladie propre à toute l'extrême droite radicale : l'impossibilité de conformer la parole aux actes. Tout le discours « socialiste » n'y peut rien changer : la mouvance NR continue à évoluer à l'intérieur de l'ultradroite. Les alliances politiques, les jeux d'influences ne débordent pas du ghetto. Leader du mouvement Troisième Voie, Jean-Gilles Malliarakis en donne un bon exemple : n'anime-t-il pas une émission hebdomadaire sur Radio Courtoisie, station FM parisienne de tonalité traditionaliste catholique, qui se situe aux antipodes des nouvelles amitiés dont rêvent les NR ? Quant à Espace nouveau, il tente de fonder un courant autonome... au sein du Front national.

Les nationalistes révolutionnaires ne semblent pas capables, à l'heure actuelle, de rompre avec l'extrême droite. Mais le souhaitent-ils réellement ?

4.
National-communisme :
le socialisme sans la lutte des classes

Comment peut-on être national-communiste ? Chacun sait que les deux doctrines sont si totalement inconciliables qu'elles s'excluent forcément l'une l'autre. Où est le terrain commun entre un communiste internationaliste et un nationaliste, évidemment inégalitariste ? En réalité, le courant national-communiste est en France extrêmement minoritaire. Il est essentiellement actif au sein de la mouvance nationaliste révolutionnaire. On le remarque avant tout en ce qu'il met l'accent sur l'aspect socialiste de la doctrine NR.

Le national-communisme est pourtant une idéologie beaucoup plus sophistiquée.

Il a existé dans les années 30 et 40 un petit Parti français national-communiste, animé par François Antoine, dit Pierre Clémenti. Mais le national-communisme de Clémenti ressemblait à s'y méprendre au nazisme. Les actuels représentants du courant ne s'en réclament pas.

Dans le *Manifeste du Partisan européen*, publié en 1989 par le groupe du même nom, les nationaux-communistes préfèrent s'inclure dans une lignée plus respectable : « Le Partisan européen se situe sans complexe dans la tradition socialiste européenne, et s'affirme notamment l'héritier direct des révisionnismes occidentaux (courants qui procédèrent à la révision du marxisme) des années 1900-1910 (le syndicalisme révolutionnaire) et des années 1930-1940 (le planisme), ainsi que du "socialisme allemand" ("deutscher Sozialismus") qui mettait en avant les idées d'"État populaire des Conseils" et de "Communauté du Peuple". »

Diantre ! A lire ces quelques lignes, on pourrait croire que le petit Partisan européen est un groupe ultragauche, héritier de la gauche allemande et des courants libertaires. De façon provocatrice et radicale, les nationaux-communistes se définissent avant tout comme des socialistes révolutionnaires. Mais à y regarder de plus près, leur filiation est quadruple :

1. *Le socialisme*, dont nous venons de parler.

2. *Les nationalismes* : le Partisan européen s'affirme nationaliste européen.

3. *La révolution conservatrice*. Il ne faut pas confondre la révolution conservatrice allemande des années 1920-1930 et la venue au pouvoir des nazis. Même si le terreau est commun. La révolution conservatrice s'opère sous la république de Weimar. Elle est le fait d'un certain nombre de jeunes intellectuels nationalistes, dont la figure emblématique reste Ernst Jünger, auteur d'une véritable bible sociale du nationalisme allemand : *le Travailleur*.

En réalité, plusieurs courants s'affrontent au sein du phénomène « révolution conservatrice » : l'un d'entre eux prend très vite le nom de national-bolchevisme. Il est notamment représenté par le théoricien Ernst Niekish.

Les nationaux-bolcheviques viennent en général de l'extrême droite, mais développent une vision socialiste qui prend pour modèle l'empire soviétique. Il y a là une curieuse lecture du communisme : les nationaux-bolcheviques admirent sa version léniniste et stalinienne. Ils ne rêvent pas d'un monde sans classes et sans salariat, où l'État dépérirait jusqu'à ne plus exister, mais prennent exemple sur la puissance, la rigidité, l'intangibilité de l'État soviétique. Ce sont des « nationaux-léninistes ».

4. *La pensée « non conformiste »*. Il est toujours difficile de déterminer ce que peut bien être le « non-

conformisme». Il semble que le Partisan européen y classe des auteurs radicaux, intransigeants, et forcément à droite : on y trouve par exemple les idéologues de la Phalange espagnole : José Antonio Primo de Rivera ou Ramiro Ledesma Ramos.

Le feuilleton Thiriart

Nationaliste, socialiste révolutionnaire, non conformiste, le Partisan européen est aussi l'héritier spirituel d'un idéologue belge, charismatique et méconnu du grand public : Jean-François Thiriart.

La vie de ce personnage hors du commun est un véritable feuilleton à rebondissements. Né en 1922, il apparaît jusqu'en 1940 comme un jeune homme du centre gauche. Mais sous l'occupation allemande, il adhère aux Amis du Grand Reich allemand. Il a 18 ans. En 1939, il a été touché par une révélation : le pacte germano-soviétique. Dans une lettre écrite le 22 septembre 1989, il fait cette remarque hallucinante : «La plus belle, la plus exaltante partie de ma vie, a été le pacte germano-soviétique. Ribbentrop est à cent coudées, mille coudées au-dessus d'un Talleyrand ou d'un Metternich.» Un peu plus loin, Thiriart se fait lapidaire : «Le national-socialisme était non pas un ennemi du communisme, mais un concurrent. Mussolini, un clown» (lettre à l'auteur).

A l'âge de 20 ans, Thiriart est déjà un authentique national-communiste, pour qui léninisme et nazisme sont cousins. Son engagement collaborationniste lui vaut en tout cas de sérieux ennuis à la Libération. Il abandonne toute activité politique, crée une entreprise d'optique, et se réengage au début des années 60. Opposé à la décolonisation du Congo belge, il se rapproche des nationalistes français hostiles à l'indépendance algérienne.

Très vite, il lance un mouvement d'extrême droite transnational, Jeune-Europe. Il semble qu'au départ Jeune-Europe ait surtout servi à aider les réseaux de l'OAS. Mais le mouvement évolue très vite vers des positions tiers-mondistes, antiaméricaines et national-communistes.

En 1966, Jean-François Thiriart rencontre Chou Enlai à Bucarest. Il lui propose de mener la guerre anti-impérialiste au cœur même de l'Occident. Les Chinois parlent alors continuellement de lutte tricontinentale. Thiriart plaide pour une guerre « quadricontinentale ». Il veut créer des « brigades européennes », embryon d'une future armée révolutionnaire, pour fomenter un Vietnam au cœur de l'Europe. Le dirigeant chinois ne donne pas suite au projet. Mais il a accepté de rencontrer un dirigeant d'extrême droite. Le fait mérite d'être signalé. Celui-ci profite du « prestige de la rencontre » pour multiplier les contacts internationaux avec de nombreux dirigeants du tiers monde, dont ceux de l'Organisation de libération de la Palestine naissante.

En 1969, Jeune-Europe se disloque. Tandis que Thiriart et ses amis développent un important travail théorique de ressourcement du national-communisme, qui aboutit à la création du Parti communautaire national-européen (PCN), plusieurs petites organisations poursuivent le combat. On parle au début des années 70 d'un mystérieux groupement italien « nazi-maoïste ». Il s'agit de la traduction en termes journalistiques du courant Thiriart. Comme l'écrit Yannick Sauveur dans *Jean Thiriart et le national-communautarisme européen* (Éditions Machiavel) : « Si, en définitive, on admet la réalité d'un courant nazi-maoïste, on est amené à se demander s'il n'est pas tout simplement la transposition du national-bolchevisme, le nazi-maoïsme n'étant que le national-bolchevisme des années 70, le cadre national ayant changé. » Dans une brochure publiée en 1990 par les Éditions Ars (proches du mouvement Troisième Voie), *De Jeune-Europe aux Brigades rouges*, l'auteur, anonyme, affirme pour la petite histoire que l'un des principaux leaders historiques du mouvement « terroriste » des Brigades rouges italiennes, Renato Curcio, a démarré sa carrière politique dans la mouvance Jeune-Europe.

Quoi qu'il en soit, il est clair que le national-communisme des années 90 est le fils direct de Jean-François Thiriart, et le petit-fils du national-bolchevisme allemand des années 30.

Pour la guerre révolutionnaire

Mais aujourd'hui, à quoi ressemble-t-il ? A une doctrine de guerre. Le numéro 4 de la revue du PCN, *Conscience européenne* (décembre 1986), est entièrement dévolu à un texte du plus haut intérêt : *Orientations nationales révolutionnaires*. On y trouve les cinq piliers de la doctrine de Thiriart :

« 1. L'ennemi principal est l'impérialisme américano-sioniste, son instrument de vassalisation militaire (l'OTAN), et sa cinquième colonne collaborationniste (l'ensemble des partis du régime, de l'extrême droite à l'extrême gauche, c'est-à-dire le "parti américain").

« 2. Le renouveau européen passe par la libération et l'unification de la nation européenne. Le combat qui doit être mené est un combat de libération nationale. (...)

« 3. Les alliés naturels de la nation européenne sont désormais les pays ou les partis révolutionnaires ayant les mêmes aspirations et les mêmes intérêts que celle-ci, à savoir en particulier les nations arabes et latino-américaines, elles aussi en lutte pour leur libération et leur unification. Nous appelons donc à une lutte quadri-continentale contre l'impérialisme américano-sioniste.

« 4. L'"après-Yalta" nous mène à considérer l'URSS, elle aussi puissance européenne, comme l'alliée géopolitique de la nation européenne. Face à la puissance hégémonique américaine, l'alliance euro-soviétique est nécessaire et obligatoire.

« 5. Le combat des nationalistes européens doit être unitaire et ubique à l'échelon européen, coordonné à l'échelon international avec toutes les forces en lutte contre l'impérialisme. »

Cette citation un peu longue a le mérite de mettre les

points sur les *i*. Pour Thiriart et ses disciples, l'Europe a un seul ennemi : «l'impérialisme américano-sioniste», et un allié logique : l'Union soviétique. On est très loin du traditionnel anticommunisme de l'extrême droite. Il s'agit de mener en Europe une guerre de libération nationale. L'objectif prioritaire est donc la création d'une armée. Dans la brochure *Esquisse du communautarisme*, publiée par le PCN en 1986, Yannick Sauveur et Luc Michel insistent sur le fait que la «nouvelle armée» doit être «issue du soulèvement révolutionnaire et encadrée par le parti qui le dirige». La guerre doit être menée sur tous les fronts possibles. L'armée révolutionnaire doit certes avoir une stratégie «classique», mais elle ne doit pas dédaigner les actions de type «terroriste» : les *Orientations nationales révolutionnaires* indiquent clairement que «l'action directe est (...) un moyen de pression politique». Et le texte de vanter l'efficacité de l'OLP palestinienne, par opposition à l'amateurisme de l'IRA irlandaise : «Faute d'une presse d'appui, le mouvement révolutionnaire irlandais — infatigable et courageux — ne débouche sur rien. Il se passe des choses épiques en Irlande. Cela suscite à peine quelques échos. L'OLP n'a pas commis cette erreur : les deux appareils sont en place : politico-militaire, et légal (propagande de surface).»

Le parti, prince collectif

Les nationaux-communistes ont pensé à tout. Ils sont prêts à la guerre révolutionnaire. Mais le moteur politique de la future nation européenne, le vecteur de la révolution... c'est le parti. Reprenant la phraséologie communiste, les partisans de Thiriart pensent que «la naissance de la nation européenne se fera au départ d'un parti historique», qui prendra exemple sur les expériences du tiers monde : Néo-Destour en Tunisie, Istiqlal au Maroc, FLN en Algérie ou FNL au Vietnam. Dans la perspective nationale-communiste, le Parti joue un rôle absolument essentiel. Il est, selon l'expression de Jean-François Thiriart, un « pré-État ». Il le préfigure et a comme base l'Europe de l'Ouest. L'influence bolchevique est ici très forte. Le parti révolutionnaire doit en effet s'inspirer du « modèle défini par Lénine et réactualisé par Thiriart » (*Esquisse du communautarisme*).

Thiriart sur le même plan que Lénine ? Pourquoi pas ? Dans son numéro de janvier-février 1987, *Partisan européen* nomme bien Thiriart « le Lénine de la Révolution européenne ». Il est vrai que le théoricien belge s'appuie sur la conception léniniste du parti communiste : « Le Parti révolutionnaire est un parti centralisé, organisé sur le modèle léniniste du centralisme démocratique », affirme *Esquisse du communautarisme*. A l'appui de sa thèse, le texte cite... Mao, et sa critique du « libéralisme interne ».

Pourtant, le parti nationaliste européen n'est pas tout à fait un parti marxiste orthodoxe. Thiriart s'inspire en fait du communiste italien Gramsci, qui développe dans ses *Notes sur Machiavel, sur la politique et sur l'État moderne* la vision du Parti comme « Prince collectif ». C'est lumineux : toute la démarche nationale-communiste consiste à tenter de rompre par tous les moyens avec l'extrême droite : « Le parti de demain, le Parti communautaire national-européen, doit être ouvert à ceux qui veulent quitter l'extrême gauche psychopathe et la gauche rabique comme à ceux qui veulent quitter l'extrême droite fasciste ou la droite bilieuse » (*Esquisse du communautarisme*). Là où le nationalisme révolutionnaire hésite et évite de sauter le pas, le national-communisme veut se situer définitivement en dehors de toute référence à l'extrême droite.

National-communisme, ou communautarisme ?

L'alternative qu'il propose est le communautarisme national-européen. Encore une trouvaille de Thiriart ! La brochure *Esquisse du communautarisme* en donne les coordonnées politiques : il s'agit d'un « socialisme débureaucratisé, socialisme vertébré par un nationalisme européen ».

On reste dans l'imagerie classique du socialisme national. Toutefois, la pensée de Thiriart diverge de l'ensemble des courants nationalistes sur un point important : « L'axe principal de ma pensée politico-historique est l'État unitaire, centralisé, État politique, et non pas État racial, État souvenir, État linguistique, État religieux, etc. » (lettre de 1989).

Faisant fi du nationalisme classique, fût-il européen, Thiriart se prononce pour un État unitaire et transnational. Refusant l'Europe des patries ou des ethnies, il prône l'« État-fusion ». Méprisant toute référence ethnique, il ne raisonne qu'en termes géopolitiques. A l'extrême droite, cette position est très isolée. Au point que certains nationaux-communistes la réfutent, pour se rallier à la vision impériale d'une Europe des ethnies, telle qu'elle est énoncée par le GRECE.

Un socialisme ambigu

Nous sommes donc en pleine ambiguïté. Qui sont vraiment les nationaux-communistes ? Sont-ils d'authentiques léninistes-staliniens, adeptes du « socialisme dans un seul pays » ? Ou représentent-ils le carré le plus radical de l'extrême droite dure ? Nous savons qu'ils veulent créer un État unitaire, socialiste et nationaliste. On est tout de même très loin de l'idéal communiste. D'autant que la doctrine Thiriart de « l'économie de puissance » admet l'existence de la « libre entreprise ». Mais les nationaux-communistes aiment entretenir un flou artistique.

Le *Manifeste du Partisan européen* exige, par exemple, la disparition du salariat. Rassurons-nous : cette disparition-là n'a strictement rien à voir avec l'« abolition du salariat » dont parle Karl Marx. Il s'agit tout simplement de substituer au salariat « l'association des

travailleurs de tous les états au sein de l'entreprise ». En
d'autres termes : participation et concertation entre les
classes d'une même corporation. La lutte des classes n'est
pas à l'ordre du jour.

On éprouve la même incertitude en ce qui concerne
la démocratie. Le Partisan européen s'affirme résolument démocrate. Levant toute hypothèque, il définit la
démocratie comme « le pouvoir du peuple ». Très vite,
on réalise cependant qu'on reste en zone nationaliste.
La démocratie du Partisan européen rejoint la théorie
de la « démocratie organique ». Elle est tempérée par une
réelle fascination pour les anciennes « démocraties populaires » de l'Est. Le rejet des partis et de la démocratie
libérale de type occidental va de pair avec une conception socialiste et collectiviste. On prône le « contrôle de
l'économie par le pouvoir populaire » et la « socialisation des grands moyens de production, d'échange et de
communication (médias) » (*Manifeste du Partisan
européen*).

Le communisme inégalitaire

En réalité, il ne faut pas perdre de vue un point essentiel : pour le national-communisme, le pouvoir du peuple et la socialisation des moyens de production ne sont
absolument pas contradictoires avec l'inégalitarisme.

Il n'y a aucun rêve égalitaire. Le socialisme droitiste
souhaite simplement rompre avec la démocratie libérale
pour établir une société communautaire basée sur le
« mérite ». Il ne nie pas la hiérarchie. Il veut simplement
en changer les normes. Ce n'est donc pas du tout un
communisme. Plutôt la trace tangible de la fascination
qu'exercent encore aujourd'hui le léninisme et l'expérience soviétique sur une partie de l'extrême droite.

Il n'en reste pas moins que cette sensibilité, très minoritaire, a une réelle influence sur la mouvance nationaliste révolutionnaire et sur une partie du GRECE. On
lui doit particulièrement la définition de « nouvelles

convergences » visant à sortir du ghetto nationaliste. Certains militants tablent sur la possible alliance à moyen terme des sensibilités suivantes :
— la Nouvelle Droite ;
— une fraction de l'extrême gauche libertaire, notamment celle qui reprend à son compte les thèses révisionnistes de Robert Faurisson ;
— les nationalistes révolutionnaires ;
— certains gaullistes ;
— certains écologistes ;
— certains régionalistes ;
— les mouvements nationalistes du tiers monde, principalement arabes.

Si de tels rapprochements se concrétisaient, ils permettraient évidemment aux nationaux-communistes de sortir enfin du petit milieu de l'extrême droite dure. La stratégie est en place. Mais elle est loin d'avoir abouti.

5.

Traditionalisme révolutionnaire :
un spiritualisme païen

« Expression empruntée au culte de Mithra, *Sol invictus* signifie "Soleil invaincu". Elle s'applique particulièrement à la période du solstice d'hiver, pendant
laquelle le soleil semble disparaître devant le froid, l'obscurité, la mort. (...) Analogiquement, le monde actuel
vit dans une tragique obscurité. Cette éclipse a entraîné
l'apparition d'une société éclatée, désacralisée, matéria-
liste, égocentrique, absurde. Une société qui s'illusionne
par un ahurissement artificiel constant, par une agitation fébrile, pour cacher son incohérence, son néant, et
les germes de dissolution qu'elle véhicule. Nombreux
sont ceux qui ne voient plus le soleil, n'entendent plus
la musique. »

Qu'en termes édifiants ces choses-là sont dites ! Dès
l'abord, le ton est donné : lyrique. Cette profession de
foi de la revue *Sol invictus* illustre à merveille le style
et l'esprit des traditionalistes révolutionnaires. Ce
courant-ci se situe aux antipodes du champ politique.

La sensibilité traditionaliste révolutionnaire occupe au
sein de l'ultradroite une place tout à fait spécifique :
elle entend régenter, non le politique, mais... le spirituel. Elle porte donc en elle une dimension proprement
philosophique. Pour de nombreux militants, elle constitue un supplément d'âme, complément « élevé » de leur
engagement politique. Tiens... Y aurait-il donc une spi-

ritualité d'extrême droite? Sans aucun doute. Mais gardons-nous bien vite de tout amalgame. D'abord, une précision : le traditionalisme révolutionnaire [10] n'a strictement rien à voir avec le catholicisme traditionaliste. Il s'agit en fait d'un courant de pensée qui s'inspire essentiellement de l'œuvre de Julius Evola [11], et de celle de René Guénon [12].

Une mise au jour de la Tradition

Son ouvrage principal? La mise au jour de la Tradition. Comme l'écrit la revue *l'Âge d'or* dans la préface de son numéro 1 (hiver 1983) : «René Guénon (1886-1951) et Julius Evola (1898-1974) ont dégagé, à la lumière d'une minutieuse étude comparative, le dénominateur métaphysique commun à toutes les formes traditionnelles, le patrimoine mythologique que partagent toutes les religions, légendes de partout et symboles de toujours, toile de fond sur laquelle se déroule l'histoire spirituelle de la planète.» L'étude comparative des traditions et des mythes permet de remonter jusqu'à une Tradition unique et universelle. Un savoir essentiel, antérieur et supérieur au fait religieux.

L'universalisme spirituel est l'état de liberté absolue auquel aspire le traditionaliste révolutionnaire. S'inspirant de la Tradition «intégrale», il tente de réintégrer l'état spirituel caractéristique de l'âge d'or, de l'aube, où les valeurs traditionnelles n'étaient pas encore perverties. Le traditionalisme commande donc une vision de l'histoire. Pour lui, l'histoire a un sens : elle se précipite vers l'abîme, comme le taureau fonce vers la muleta.

S'inspirant du spiritualisme hindou, René Guénon développe une théorie des cycles. Il interprète la période actuelle comme le stade ultime de l'âge de fer, le kaliyuga, où les valeurs sont détruites et renversées. Mais rassurons-nous : l'âge sombre ne régnera pas éternellement. Lorsque la dissolution sera effective et complète, un cycle lumineux débutera. On pourrait dire que Guénon oppose au matérialisme historique une sorte de déterminisme spiritualiste appuyé sur la conception des « cycles », qui visualise l'histoire comme un déclin permanent et inexorable. Aujourd'hui, nous nous éloignons de l'âge d'or originel, et de sa lumière « sacrée ».

C'est pourquoi les disciples d'Evola et de Guénon sont de furieux adversaires du monde moderne, qui leur apparaît comme le stade suprême de la décadence : « Portant à son niveau le plus élevé l'exigence d'une lutte spirituelle contre l'aberration moderniste, puisant son énergie mobilisatrice dans la certitude d'un passé de lumière qui fut le lieu historique de l'universalisme spirituel, ce courant de pensée se définit comme traditionaliste révolutionnaire », résume *l'Âge d'or*.

En fait, l'époque de la Tradition se situe dans une véritable pré-histoire. C'est un temps mythique, un souvenir occulté et présent en chaque individu. René Guénon et Julius Evola tentent de réveiller ce souvenir au moyen de l'ascèse initiatique. Pour Evola, il s'agit d'une véritable mortification quotidienne : il faut brider ses instincts, ses envies, ses inclinations pour parvenir à la libération du monde physique : le stade où le Moi prend conscience du fait qu'il est Dieu.

Dans un ouvrage consacré au théoricien italien, *Julius Evola, l'homme et l'œuvre* (Éditions Guy Tredaniel-Pardès), Adriano Romualdi souligne à quel point le traditionalisme rompt avec l'esprit religieux. Pour Evola, il n'y a pas de Dieu créateur : « Le Moi est le sujet absolu — en dehors duquel rien n'existe — et (...) l'Objet se cristallise grâce à une hallucination du Moi qui manque à ses principes. » Tout est dans l'homme. Rien au-dehors.

Il s'agit maintenant de triompher de l'hallucination des sens : « Le Moi, délivré de l'hypnose des sens, voit désormais le monde comme un rêve de sa propre liberté. Le contemplant, il comprend que la réalité phénoménale n'est que la projection de ses pouvoirs cachés » *(op. cit.)*. L'homme contient en lui-même tout l'univers.

Comment s'étonner, dès lors, qu'Evola s'intéresse aux religions orientales et condamne le judéochristianisme [13] ? « Le bouddhisme est la doctrine "arya" par excellence, c'est le credo d'une race supérieure qui ignore le dieu punisseur, le péché, la "rédemption" offerte aux humbles et à la plèbe. Une seule chose compte pour lui : la volonté tenace, virile, indomptable, de se soustraire à la condition humaine » *(op. cit.).*

On l'aura compris, Evola rêve du Surhomme affranchi des contraintes religieuses, et ignorant le Bien et le Mal. Il faut dire que le traditionalisme révolutionnaire est fondamentalement inégalitaire. Le plus grand reproche qu'il fait au monde moderne, c'est d'être démocratique. Partant de l'idée que les sociétés primitives étaient bâties sur le modèle des castes, s'inspirant des travaux de Georges Dumézil sur la tripartition fonctionnelle chez les Indo-Européens, il rêve d'une hiérarchie aristocratique. L'ascèse initiatique et la libération spirituelle ne sont pas pour tout le monde. Elles sont réservées à ceux qui en ont les capacités spirituelles. Les autres sont condamnés à la « cécité » et à l'« ersatz » religieux. Nos surhommes pensent donc constituer une élite, qui doit tôt ou tard prendre en charge la direction de la Cité, même si la sphère politique relève des savoirs annexes.

Guénon ou Evola ?

Il serait toutefois injuste de confondre Guénon et Evola. Il y a certes beaucoup de points communs entre les deux penseurs : même référence à la Tradition, à la théorie des cycles et à l'initiation.

Guénon, cependant, méprise cordialement les contingences politiques. Il s'en tient strictement au plan des principes, et parle systématiquement en termes symboliques. C'est un théoricien initiatique, un guide spirituel, pour qui adhère à sa « vision du monde ». Précisons qu'il ne rejette absolument pas l'héritage judéo-chrétien.

Julius Evola a une tout autre démarche. Contrairement à Guénon, il élabore une véritable doctrine de la race. Refusant toute influence biblique, il affirme la supériorité de la race aryenne. Hélas ! Lorsqu'on est italien et brun, il n'est pas facile de promouvoir le culte des Vikings. Qu'à cela ne tienne. Dans *Révolte contre le monde moderne*, Evola invente le type... aryoromain : « De même qu'il est sûr qu'existent encore dans la race italienne d'importants noyaux de la race nordicoaryenne dans le domaine de l'esprit, de l'âme et du corps lui-même, de même est-il certain qu'existe parallèlement une Italie de types noirauds et petits, dont les traits et la sensibilité ont été altérés par des croisements séculaires ; des types sentimentaux, gesticulants, impulsifs, profondément et anarchiquement individualistes — une Italie du doux farniente, ou amour rime avec toujours, aux maris jaloux comme des tigres, aux femmes "ardentes" mais inhibées par les préjugés bourgeois, une Italie de polichinelle, de macaronis et de chansons à l'eau de rose. Ce que veut plutôt l'Italie fasciste, c'est être et signifier un monde nouveau de forces dures et trempées, un monde héroïque pénétré de conscience éthique et de tension créatrice, étranger à tout abandon ou faiblesse de l'âme — dont les symboles ne sont pas les tarentelles et le clair de lune sur les gondoles, mais les puissants carrés bardés de fer exécutant ce pas romain dont on trouve l'exacte réplique dans le rythme des parades prussiennes. »

Qu'on me pardonne cette longue citation, qui souligne au passage l'aspect grotesque de l'emphase évolienne, mais qui permet d'approcher l'autre différence fondamentale entre Guénon et Evola : celui-ci a un lourd passé politique. Dès l'arrivée au pouvoir de Mussolini, il soutient activement le régime fasciste, et reste à ses côtés jusqu'à la défaite finale. Après la guerre, il devient tout naturellement le principal théoricien d'extrême droite en Italie, jusqu'à sa mort en 1974. Son action politique est alors inséparable de son œuvre « ésotérique ». En 1935, Gottfried Benn salue dans la revue *Die Litteratur* l'édition en langue allemande de *Révolte contre le monde moderne* : « Dans le fascisme ou le national-socialisme, dans la mesure où ils mettent en avant leurs axiomes mythico-raciaux, Evola voit la possibilité d'un nouveau rattachement des peuples au monde de la Tradition. » En d'autres termes, sa pensée apparaît comme une sorte de « dimension en profondeur du fascisme », selon l'expression d'Adriano Romualdi.

L'influence

Vision du monde basée sur la référence constante à la Tradition, sur l'histoire interprétée comme cyclique et sur l'élitisme aristocratique, le traditionalisme révolutionnaire constitue aujourd'hui au sein de l'extrême droite un spiritualisme païen. Essentiellement diffusé par les Éditions Pardès de Georges Gondinet (qui publient des revues comme *l'Âge d'or*, *Kalki*, *Totalité* ou *Rébis*), ainsi que par un certain nombre de revues autonomes (*Sol invictus*, *les Deux Étendards*), il trouve un écho certain dans plusieurs familles nationalistes.

Il est clair que le GRECE est influencé. Alain de Benoist est aujourd'hui très proche des thèses d'Evola et de Guénon. Il a d'ailleurs consacré le numéro 3 (septembre 1989) de sa revue, *Krisis*, à un thème fort évocateur : « Tradition ? » Plus largement, il n'est pas rare de rencontrer au sein des divers mouvements politiques (nationalistes révolutionnaires, néo-nazis, royalistes...) des « sensibilités » de type évolien.

Face à l'attirail idéologique évolo-guénonien, il n'existe au sein de l'extrême droite qu'un seul vrai contre-pouvoir spirituel : le catholicisme traditionaliste. Qui l'eût cru ? La vieille rivalité entre christianisme et paganisme se poursuit, même à l'ultradroite.

6.

Anarchisme de droite :
une aristocratie libertaire

L'anarchisme de droite existe-t-il ? Ou bien s'agit-il
encore d'un de ces pseudo-phénomènes de société, inven-
tés par les journalistes et ne signifiant rien ? A lire le très
exhaustif ouvrage de Jean Maitron, *le Mouvement anarchiste en France* (François Maspero), on sort perplexe.
Comment ? Un livre aussi complet ne consacre aucun
chapitre, aucune sous-partie à l'anarchisme de droite !
On y apprend pourtant l'existence d'un anarchisme chrétien, et on y lit un passionnant passage sur l'individualisme. Pourtant, Maitron est formel. A l'heure où il écrit,
il n'y a pas en France d'anars de droite.

A moins bien sûr de se contenter de rumeurs. Il est
devenu banal de regrouper abusivement sous cette
commode étiquette des auteurs aussi disparates et aussi
gouailleurs que Michel Audiard ou Louis-Ferdinand
Céline. Membre du GRECE et scénariste à ses heures,
Michel Marmin décrit cette attitude dans *Éléments* de
Noël 1988 : « L'anarchiste de droite est du genre éthy-
lique et râleur, argotique, et, de toute façon, mineur ;
il se nourrit de gras-double, puise son inspiration pro-
phétique dans le beaujolais et pleure sa virilité perdue ;
(...) il est un élément indispensable du folklore national, tendance Opinel et saucisson de Lyon ; il en faut,
et, nous aussi, nous l'aimons bien. »
On l'aura compris, Marmin dépeint de façon sarcas-

tique une sorte de mouvance littéraire, qui semble à priori fort éloignée des idéologies néo-fascistes.

Voire. Car un anarcho-droitisme doctrinal existe en France depuis les années 70. Il représente certes une sensibilité extrêmement minoritaire. D'autant plus, sans doute, qu'elle refuse toute organisation structurée. Pourtant, elle existe, comme une sorte de prolongement théorique du phénomène littéraire évoqué par Marmin.

A la base du courant, on trouve un personnage fantasque et peu connu : Michel-Georges Micberth. Animateur passé d'une éphémère Nouvelle Droite française (rien à voir bien sûr avec les amis d'Alain de Benoist), il édite régulièrement des brochures incendiaires et compte un certain nombre de partisans, dévoués à sa cause et farouchement révoltés. L'un d'entre eux, François Richard, a publié en 1988 aux Presses universitaires de France *l'Anarchisme de droite dans la littérature contemporaine*. Ne nous y trompons pas : il s'agit bel et bien d'un livre politique. Par-delà l'aspect purement littéraire de l'anarcho-droitisme, Richard donne à ce courant de pensée un véritable outil doctrinal.

D'abord, une question importante : l'anarchisme de droite peut-il être considéré comme une branche de l'anarchisme? L'auteur répond par l'affirmative. Il existe pour lui trois catégorie d'anars :
— les anarchistes de gauche, qui sont issus de la pensée progressiste du XVIIIe siècle ;
— les anarchistes « bruts », qui prônent la liberté absolue et le rejet de tout pouvoir. Exemple ultime : Max Stirner ;
— les anarchistes de droite, qui se réclament d'un « aristocratisme libertaire ».

Le mot est lâché : les anarcho-droitistes sont des aristocrates, des individualistes inégalitaires. Quant au courant proprement dit, Richard le définit en clair comme « une révolte individuelle qui s'exprime au nom de principes aristocratiques et qui peut aller jusqu'au refus de toute autorité instituée ». Cette « révolte aristocratique » s'inscrit selon lui dans les œuvres de « Barbey d'Aurevilly, Gobineau, Bloy, Darien, Drumont, Daudet, Léautaud, Céline, Bernanos, Rebatet, Brasillach, Nimier, Anouilh, Pauwels » et... Micberth. Comme on le constate, il n'y va pas de main morte : les plus grandes plumes de la droite française sont ici joyeusement récupérées.

En réalité, l'anarchisme de droite est avant tout un refus de la démocratie. C'est en quoi il se distingue de l'anarchisme individualiste d'un Stirner ou d'un Armand, qui repose sur une conception « optimiste » et rousseauiste de l'homme. A l'inverse, nos aristos libertaires croient en l'inégalité, et ne proposent que des réponses égoïstes basées sur la liberté individuelle.

François Richard va encore plus loin. Citant Jacques Perret, qui conspue la « gauche carmagnole », il prend position... pour le roi : « L'opinion des anarchistes de droite sur ce moment de notre histoire [la Révolution française] ne varie pas fondamentalement : la naissance de la démocratie française fut pour eux une catastrophe morale et politique, et ils n'accordent aucune légitimité à un régime républicain qui est l'incarnation des valeurs collectives qu'ils réprouvent. (...) Car la seule forme d'anarchisme que ces hommes de droite tolèrent, c'est celle qui leur est personnelle ; ils sont plus opposés que quiconque à une anarchie généralisée. »

Sacrebleu ! les anars de droite se dressent contre l'anarchie ! Mais n'est-ce pas la conséquence logique d'une vision du monde élitiste, qui réserve l'anarchisme à ceux qui en ont la « faculté » ?

Nous voilà en tout cas en terrain de connaissance. L'idéologie anarcho-droitiste s'intègre bel et bien à l'extrême droite française. En témoigne cet article, écrit par Michel-Georges Micberth dans le numéro 626 de *Minute* : « Depuis trente ans, notre pays engendre périodiquement des enfants désespérés, nourris de nihilisme et de matérialité, saouls de verbiage et de pathos. Au fil des années, le guerrier bronzé a été transformé en cochon boueux. (...) Pour la plus grande tristesse de l'espèce, l'homme a toujours été plus taupe qu'épervier.

Sa multiplication effarante l'entraîne irrémédiablement vers un conformisme médiocre. Son instinct d'imitation lui féminise la voix. Dans dix ans, il aura inventé le mouvement de libération des poupons. »

Pourfendeur du monde moderne, et défenseur de l'éthique guerrière, Micberth ne nous rappelle-t-il pas quelqu'un ? Nous sommes ici terriblement proches d'Evola. Il y a une étrange ressemblance entre l'individualisme traditionaliste et l'aristocratisme libertaire. Georges Gondinet en administre la preuve dans *la Nouvelle Contestation* (voir première partie). Pour l'actuel éditeur des très évoliennes Éditions Pardès, pas de doute : « La droite doit être anarchiste parce qu'elle a des propositions à faire, parce qu'elle est féconde en projets et riche en enseignements, parce qu'elle est grosse d'un monde nouveau alors que la droite conservatrice ou les diverses gauches ne font appel qu'au porc qui sommeille en l'homme. » Du « cochon boueux » au « porc », il n'y a qu'un pas.

Dans un texte édifiant, *la Jeunesse, les « beats », et les anarchistes de droite* (paru dans *Totalité* n° 12), Julius Evola lui-même se réfère d'ailleurs à l'anarchisme de droite. Suivant son maître italien, Gondinet confère à l'anarcho-droitisme une dimension traditionnelle : « Alors que l'anarchiste communiste n'a que des réactions de défense et des actions d'outrance, l'anarchiste traditionaliste est persuadé que ''c'est seulement à travers une certaine sévérité soldatesque que l'on peut fuir le destin de devenir bourgeois''. » Citant ouvertement Evola, il forge en toute simplicité une nouvelle catégorie d'anars : les anarcho-traditionalistes. Rassurons-nous. Cette nouvelle expression ne fait que recouvrir d'un mot nouveau ce que nous appelons déjà traditionalisme révolutionnaire. Tout au plus nous informe-t-elle d'un aspect important de ce courant : il porte en lui une dimension individualiste, ou plutôt « surindividualiste » (en référence au Surhomme).

L'anarchisme de droite existe. Né dans et par la littérature, il est devenu un avatar de l'idéologie d'extrême droite. Peut-on le classer dans l'anarchisme ? Pas exactement. Finalement, il ne nie pas l'autorité, puisqu'il regrette la monarchie. Il n'est donc pas anar *stricto sensu*. En réalité, il ne s'agit pas d'une pensée politique. A l'image de l'évolisme, l'anarcho-droitisme français est une ascèse individuelle, une école de vie, une « philosophie », pourrait-on dire, en donnant au mot son sens courant de « recherche de la sagesse ». Mais s'agit-il vraiment de sagesse ?

7.
Nationalisme classique :
les certitudes intangibles

Autant le dire franchement : l'idée même qu'il existe aujourd'hui un nationalisme invariant n'est-elle pas un gigantesque démenti assené à l'auteur de ce livre ? Les nationalistes classiques représentent tout ce que l'extrême droite française comporte d'éléments figés, arborant avec constance un néo-fascisme intégral, fidèles jusqu'à la caricature à l'image du facho au poil ras.

Leur secret ? Ils n'ont tout simplement pas évolué depuis la guerre d'Algérie. Ils n'ont en rien subi l'influence des diverses composantes de la Nouvelle Droite, et restent accrochés à un nationalisme coutumier, basé avant tout sur une sorte d'instinct identitaire. Plutôt pro-occidentaux, nettement anticommunistes, clairement racistes, souvent catholiques et en général fort réactionnaires, les nationalistes sont présents dans plusieurs secteurs de l'ultra-droite : au Front national, ils animent notamment *National-Hebdo*. A l'extérieur, on les retrouve dans l'hebdomadaire *Rivarol*, à l'Œuvre française, au Groupe Union-Défense ou au Parti nationaliste français.

Le nationalisme intégriste

Leur nationalisme est à la fois traditionnel et intégral. Dans un texte publié à l'issue de son congrès de 1983,

l'Œuvre française de Pierre Sidos s'autodéfinit de façon
lapidaire : « L'Œuvre française n'a pas d'autre doctrine
que le nationalisme français, tel que l'ont successivement
enseigné et défini Édouard Drumont, Maurice Barrès
et Charles Maurras. »

Le terrain est ainsi délimité. Le nationalisme classique
est avant tout cocardier. Nous sommes à mille lieues d'une
« Europe unitaire » à la Thiriart ou d'un « Empire » à la
de Benoist. Pourtant, l'extrême droite invariante ne nie
pas la nécessité d'une unité européenne (ce qui la distingue évidemment des royalistes maurrassiens). Patrice
Chabaille, du Parti nationaliste français, résume cette attitude dans un slogan sibyllin : « Nous sommes pour
l'Europe des nations. » L'Europe politique, d'accord,
mais uniquement sur un plan fédéral. Quoi qu'il en soit,
le nationalisme est défini par l'Œuvre française comme
« un patriotisme conscient, conséquent et agissant ».

Il a aussi une dimension combattante : il implique la
lutte résolue contre un ennemi intérieur, qui veut selon
lui détruire l'essence même de la patrie : « Choisir entre
l'Europe cosmopolite de la finance vagabonde et celle
du travail, du sol, du sang et des nations, telle est la question essentielle », proclame le PNF lors de son conseil
national de 1990.

Au vrai, les militants du PNF basent leur nationalisme
sur une conception très spécifique : évoquant la grande
Europe des nations, Patrice Chabaille affirme que
« notre Europe n'a de frontières définitives que naturelles, à savoir : d'une part les deux océans, d'autre part
la RACE ». Enfonçant le clou, Jean Castrillo s'exclame
lors du même conseil national : « OUI ! C'est notre
devoir d'ÊTRE RACISTES et de LE PROCLAMER BIEN
HAUT... »

On l'aura compris : le nationalisme ne peut faire l'économie du racisme, dans la mesure où l'identité d'un peuple s'appuie selon lui sur des critères ethniques. Interrogé
en juillet 1990 par la chaîne de télévision britannique
ITV, Pierre Sidos l'explique franchement : « Notre
conception de la nationalité est à la fois fondée sur le

droit du sol et du sang. L'idéal d'un Français, c'est d'être quelqu'un d'origine indo-européenne, et de formation catholique. C'est-à-dire que la définition du militant de l'Œuvre française, ce serait un peu la définition qui est donnée aux États-Unis d'Amérique, du "Blanc-Protestant-Anglo-Saxon", le "WASP".

— Parler d'un Indo-Européen catholique, c'est faire une définition raciale.

— Oui, mais la définition de la nationalité est de cet ordre. »

Que pensent les nationalistes du Front national ? Pour Jean Castrillo, qui a animé une tendance néo-fasciste au sein du parti lepéniste de 1972 à 1983 (date de création du PNF), la cause est entendue : « C'est une droite politicienne plus musclée que la droite régimiste. Les électeurs suivent le Front national parce qu'il combat l'immigration extra-européenne, et ils le perçoivent ainsi comme un parti patriotique. Ils ignorent totalement que cette formation politique est en réalité antiraciste, pro-sioniste, ultralibérale en économie, et foncièrement hostile à une justice sociale. »

En réaction, le PNF souhaite « remettre les pendules à l'heure » : « La raison d'être de notre parti, sinon vous et moi serions au Front national, c'est d'affirmer qu'en luttant contre l'immigration extra-européenne, nous le faisons dans le but primordial de préserver notre race, la race blanche. »

Ajoutons que la notion de « justice sociale », qui rappelle le justicialisme de Peron, contient une critique implicite du libéralisme. Il est vrai que les militants du Parti nationaliste français entendent lutter « contre le capitalisme apatride mondialiste ».

Anticommunistes, racistes, les nationalistes classiques tiennent le même discours que dans les années 50 et 60. Tout leur argumentaire est souvent soumis à un commandement impérieux : celui de l'instinct. Bien qu'une grande partie de l'extrême droite ait aujourd'hui nettement évolué, pour des raisons doctrinales ou dialectiques, on ne peut que constater la perdurance de cette sensibilité.

8.

Néo-nazisme : la fascination de l'obscur

Le néo-nazisme, une idéologie ? Sans doute faisons-nous beaucoup d'honneur à un courant politique ultra-minoritaire, basé avant tout sur une trouble et perverse fascination pour la période la plus noire du XXe siècle. Les néo-nazis pensent-ils ? On peut à bon droit émettre quelques réserves. Pourtant, cette sensibilité existe effectivement. Elle ne se contente pas de « gérer » son héritage, mais prétend à une place dans la vie politique française. Forfanterie ? Sans nul doute. Mais des mouvements, clandestins ou camouflés, multiplient textes et manifestes.

On peut d'ailleurs remarquer que s'il y a en France un « néo » nazisme, on ne trouve pas trace de « néo » pétainisme. Les diverses associations qui défendent aujourd'hui la mémoire du maréchal Pétain se contentent de régner sur le passé. Elles ne formulent aucun projet de société pour la France contemporaine.

Tel n'est pas le cas des Faisceaux nationalistes européens. Héritiers de la Fédération d'action nationale et européenne (dissoute en septembre 1980, peu après l'attentat contre la synagogue de la rue Copernic), les FNE se réclament ouvertement du national-socialisme.

Écrit en 1979, le *Programme de la FANE* leur tient toujours lieu de plate-forme d'action. On y apprend avant tout que l'objectif numéro un de l'ex-FANE, son signe distinctif au sein de l'extrême droite, c'est la « défense de la race ». Considérant que « l'Europe est le bastion de la race blanche », le mouvement de Marc Fredriksen et Bernard Lanza prône avant tout la défense et l'« organisation » du monde blanc.

Dès lors, l'unité européenne devient nécessaire. Les nationaux-socialistes veulent créer un gouvernement unique : « Représentant unique de la race et de ses intérêts, le gouvernement européen aura le contrôle absolu des forces armées. [...] La FANE proclame la nécessité pour l'Europe de posséder l'arme atomique, seule capable de prévenir une agression étrangère. »

L'Europe unifiée sous gouvernement racial ne sera pas une démocratie. En fait, les néo-nazis rêvent d'une sorte d'État-parti omniscient et totalitaire : « Le gouvernement européen sera désigné par les instances dirigeantes du parti national-socialiste européen, parti de masse dont la vocation est de permettre à l'avant-garde révolutionnaire du peuple tout entier — son élite — d'accomplir sa mission. » Sa mission, quelle est-elle ? « La promotion de la race blanche et du socialisme national. »

Il est donc clair que le néo-nazisme se distingue des autres courants de l'extrême droite, à la fois parce qu'il se réclame ouvertement d'Hitler et parce qu'il s'appuie avant tout sur une vision raciale et biologique. Attachés à la race blanche, les N-S ne sont pas viscéralement cocardiers. A l'instar du GRECE et des nationalistes révolutionnaires, ils estiment que « le premier objectif d'une Europe nationale-socialiste sera de limiter le pouvoir des États actuels définis par l'Histoire, puis d'accorder aux différentes ethnies qui la composent une autonomie culturelle à la mesure des réalités humaines ».

Sur le terrain économique, l'ex-FANE est évidemment hostile à tout libéralisme. Elle a d'ailleurs trouvé une technique « efficace » pour résoudre la crise de l'emploi : « Le chômage sera supprimé par le rapatriement de tous les travailleurs immigrés allogènes et par la mise en œuvre d'une politique économique et sociale conforme aux intérêts du peuple tout entier. » En d'autres termes, il faut « organiser la planification ». Fidèles héritiers du national-socialisme hitlérien, les actuels FNE sont nationalistes européens, racistes, antilibéraux et régionalistes.

Certains groupes vont un peu plus en profondeur. Dans un numéro datant de 1975, un petit bulletin, *le Devenir européen*, se présente en quatre points. Il se définit à la fois comme ethniste, socialiste, communautaire et païen. Le groupuscule d'Yves Jeanne veut instaurer un « socialisme communautaire, reposant sur des bases naturelles : biologistes et écologistes ». Condamnant l'« antiracisme », il affirme que « la vie ne peut ÊTRE et ne peut prendre de valeur que par les différences qu'elle engendre et par les inégalités qui en découlent, et qui sont génératrices des plus saines compétitions ». Tiens ! Cet éloge de la vie et des différences ressemble furieusement à celui du GRECE.

Il y a effectivement d'intéressantes passerelles entre le brutal néo-nazisme et la très raffinée Nouvelle Droite : vision indo-européenne, Europe des ethnies, éloge du vitalisme, conception impériale... Mais n'est-ce pas normal ? On a tendance à faire du nazisme une sorte de monstre diabolique et sacré. On aimerait pouvoir le sortir de l'histoire, en faire l'incarnation intemporelle du Mal absolu. Compréhensible sur un plan spirituel et philosophique, cette vision n'a qu'un défaut : du nazisme, elle occulte la banalité. N'oublions pas que le national-socialisme est avant tout une composante meurtrière de l'extrême droite européenne.

Les gens qui s'en réclament ne sont pas fondamentalement différents de leurs collègues des autres courants. Peut-être sont-ils simplement moins habiles, ou plus naïfs. Cela pose évidemment un problème de fond : où commence, et où s'arrête, le néo-nazisme ?

Prenons le cas du Parti nationaliste français. Il ne se réclame pas de l'hitlérisme, puisqu'il s'affirme « nationaliste français ». L'ennui, c'est qu'il base toute son action sur la défense de la race. Même phénomène avec le Parti nationaliste français et européen. Scission du PNF, le mouvement de Claude Cornilleau est souvent défini comme « néo-nazi ». Sa devise n'est-elle pas : « France d'abord, blanche toujours » ? Pourtant, ni le PNF ni le PNFE ne se réclament officiellement du néonazisme. Mais lorsque le PNFE réclame dans son *Programme en 26 points* la « défense de l'identité raciale » et l'« élimination du grand capitalisme apatride », il rejoint totalement les positions nationales-socialistes des FNE.

En réalité, néo-nazis intégraux et nationalistes classiques du PNF et du PNFE ne divergent que sur l'appréciation historique du rôle d'Hitler et de l'Allemagne nazie. PNF et PNFE considèrent en substance que l'idéologie nationale-socialiste est périmée. Elle correspondrait à une époque précise : les années 30 et 40. Elle serait donc en quelque sorte « démodée ». (Précisons qu'en aucun cas ces deux partis ne tiennent le régime nazi pour responsable des six millions de morts. Une grande partie de l'extrême droite est alignée sur les thèses révisionnistes, qui nient la « solution finale » et le génocide : c'est notamment le cas du PNF, du PNFE, de l'Œuvre française, de Troisième Voie, ou encore du Mouvement chouan.)

Cette parade dialectique prouve *a fortiori* que l'idéologie hitlérienne inspire aujourd'hui non seulement les mouvements spécifiquement N-S, mais aussi une partie du courant nationaliste classique. Même si la référence au nazisme est souvent occultée, il est évident qu'elle perdure de façon souterraine. Isolé et repéré, le ghetto néonazi n'est donc que la partie apparente d'une pensée politique toujours camouflée, toujours évitée, et toujours vivante. On ne saurait s'en réjouir.

9.

Royalisme :
Les « courtisans de l'impossible »

Sinueux et délicat royalisme. Peut-on imaginer archipel doctrinal plus nuancé, plus incernable ? Les « courtisans de l'impossible » (selon la formule de des Houx) représentent, au sein et en dehors de l'extrême droite, un monde à part.

Animateur de la *Feuille d'information légitimiste*, Daniel Hamiche l'écrivait récemment avec humour : « Le qualificatif d'extrémistes nous va comme des escarpins à un éléphant. Notre philosophie, notre doctrine et notre combat politique sont tout entier inspirés par la doctrine de l'Église. Je conçois qu'ils soient "extrêmement" éloignés des préoccupations et des motivations de la classe politique contemporaine, de ce véritable "trou noir" dont la circonférence est partout et le "centre" nulle part... Mais de là à nous considérer comme des extrémistes... » (lettre à l'auteur du 20 septembre 1989). Le message est clair. Notre approche doit être un rien prudente.

Avant de circonscrire le royalisme à ses frontières propres, il est capital de ne pas perdre de vue un fait essentiel : la référence au roi transcende une bonne partie de l'extrême droite. Rappelons sommairement que les catholiques traditionalistes sont majoritairement royalistes. Il existe aussi de nombreux partisans du roi au sein du Front national. Même le courant traditionaliste révolutionnaire développe une vision principielle de la monarchie.

Si maintenant nous quittons les parages extrémistes, comment décompter les personnalités modérées qui soutiennent tel ou tel prince ? On pourrait citer dans le désordre le producteur de télévision Thierry Ardisson, les acteurs Philippe Léotard ou Jacques Dufilho, sans oublier les écrivains Marcel Jullian, Michel Déon ou Pierre Boutang (la liste pourrait être fort longue...). Les militants de la Nouvelle Action royaliste, qui souhaitent « royaliser la Constitution » et rêvent d'une « monarchie-démocratie » illustrent à merveille cette sensibilité « centre gauche », qui verrait d'un bon œil un Juan Carlos ou même un prince Charles français. La situation est donc délicate. Où logent les royalistes ? Sont-ils extrémistes ? Modérés ? De droite ou de gauche ?

Pour ne rien arranger, l'affaire se corse davantage si on y ajoute leur profonde division interne. De nombreux prétendants revendiquent la couronne. Dans un livre fascinant et exhaustif, *les Prétendants au trône de France* (L'Herne), Raoul de Warren et Aymon de Lestrange en donnent la liste abrupte et baroque : Louis, duc d'Anjou et de Bourbon ; Henri, comte de Paris ; François de Paule ; Sixte-Henri, prince de Bourbon-Parme ; Jacques, comte de Bourbon-Busset ; Alexis d'Anjou-Durassow, duc de Durazzo ; Balthazar Napoléon de Bourbon ; Henry Freeman ; Georges Comnène ; Pierre Plantard ; Robert VI, prince de Bourgogne et du Northumberland ; Antoine Ré ; Léon Millet...

Au vrai, cette énumération recouvre bien souvent des royautés d'opérette : entre les « survivantistes », qui attendent l'avènement d'un Grand Monarque caché, et les descendants plus ou moins discutables des Mérovingiens, il est bien difficile de traquer le sang bleu. Deux personnalités dominent toutefois l'hétéroclite assemblage. Henri, comte de Paris, incarne la fidélité au clan des Orléans. Quant au jeune Louis XX, duc d'Anjou et de Bourbon, qui n'a pas encore vingt ans, il rassemble les espoirs des légitimistes.

Au vu d'un tel état des lieux, comment s'étonner en tout cas qu'un certain nombre de royalistes préfèrent aujourd'hui se placer sur un terrain symbolique et principiel, défendant dans l'absolu l'hypothèse monarchiste, mais se gardant bien d'avancer un nom ?

Quoi qu'il en soit, nous pouvons établir la topographie suivante, qui ne concerne bien entendu que les royalistes opposés à la démocratie et qui s'intègrent par là même à l'univers droitiste. Par-delà le foisonnement des divergences groupusculaires, deux grandes familles idéologiques apparaissent clairement : les orléanistes et les légitimistes.

Cette classification globalisante, qui rappellera à certains celle de René Rémond dans son livre *les Droites en France*, est prise ici dans un sens plus microcosmique. Elle recoupe *de facto* les deux principaux clans qui se disputent le droit à la restauration, et leurs deux « champions » : Henri de France et Louis XX.

Il semble pourtant souhaitable de donner aux deux appellations une signification plus large que la simple obéissance à un prince. La mouvance orléaniste, telle que nous l'entendrons ici, est essentiellement dominée par la pensée de Charles Maurras. Ce n'est absolument pas le cas du légitimisme, qui semble idéologiquement moins « bétonné ». Mais comme l'univers royaliste est forcément paradoxal, nous n'inclurons ni les légitimistes influencés par Maurras (à l'exemple du Mouvement chouan) ni les orléanistes dégagés de Maurras (comme la Nouvelle Action royaliste). Deux conceptions très distinctes de la royauté et de la monarchie sont en tout cas à l'œuvre.

L'orléanisme, ou le triomphe du rationnel

Si l'orléanisme correspond historiquement à la filiation du roi Louis-Philippe, il a pris toute sa dimension politique grâce à l'Action française. Ses principaux théoriciens, Léon Daudet et Charles Maurras, ne se sont pas contentés de fonder une société amicale et réactionnaire, gérant avec émoi la souvenance affadie d'un passé glorieux, mais un véritable mouvement politique, avec doctrine et organisation. C'est dire que l'orléanisme d'Action française répond à des critères bien spécifiques.

La démarche est avant tout réflexive : constatant que la plupart des royalistes se contentent d'un attachement sentimental et viscéral au trône, l'orléanisme va s'employer méthodiquement à rationaliser l'émoi, à dépasser l'affectif. Dans un numéro spécial de l'hebdomadaire de l'ex-Action française, *Aspects de la France* (été 1987), Michel Fromentoux résume parfaitement cette spécificité : « L'adhésion de l'Action française à la monarchie n'est pas affaire de sentiment, mais l'aboutissement d'une enquête historique menée selon la méthode de l'empirisme organisateur. »

C'est donc grâce à une enquête historique menée selon l'empirisme organisateur que l'on peut à bon droit faire le choix du roi. Ainsi, Fromentoux déduit de son observation clinique que « l'obligation faite au roi de transmettre l'héritage intact, et de se savoir responsable devant Dieu et devant ses enfants, rend finalement ce régime moins périlleux que le régime électif, facteur de divisions et d'incohérences ». Et le militant de conclure : « Cela est prouvé par toute notre histoire. »

Nous voici rassurés. Et édifiés : hors l'analyse déductive et le raisonnement géométrique, point de salut. L'orléanisme est une rationalisation du sentiment royaliste. Il est donc exigeant. Il ne se contente pas des différents prêt-à-penser de l'extrême droite. Autre responsable d'Action française, Nicolas Portier n'écrit-il pas dans son organe étudiant, *le Feu follet* (hiver 1989-1990), qu'il faut « redéfinir le nationalisme » ? La tâche est ardue. Mais le jeune monarchiste s'y attelle avec ardeur. Ce qui lui permet d'énoncer une des particularités fondamentales du nationalisme maurrassien. Pour l'AF, la nation est « un fait d'histoire, le résultat d'une politique fédérative ayant généré une unité de destin». Ce qui signifie que la France n'est ni la terre ethnique des Indo-Européens ni la projection temporelle de la «civilisation blanche». Nicolas Portier va plus loin : «La France est un agrégat d'éléments hétérogènes, même si elle se caractérise dorénavant par un substrat commun.»

A la différence d'une grande partie de l'extrême droite, les royalistes maurrassiens ignorent superbement les diverses formes de racisme, du suprématisme au différencialisme. La patrie n'est pas fondée sur le sang, mais sur l'histoire. Dans un autre numéro du *Feu follet* (décembre 1988), Portier se livre à une véritable auto-définition du nationalisme maurrassien : il s'agit d'«un nationalisme qui certes se dresse contre la mixophilie réductrice mais qui en aucun cas ne s'appuie sur une déification de la nation, sur un culte du moi national, chauvin ou raciste. Notre nationalisme doit rester une défense de notre cadre communautaire et politique, une préservation de notre identité, mais ceci ne doit pas nous empêcher d'accéder et de défendre des valeurs à vocation universelle, qu'elles soient spirituelles ou non».

Cela n'est pas le seul trait distinctif du nationalisme «à la Maurras». Il a aussi pour caractéristique décisive de se borner strictement à l'Hexagone. Le maurrassisme est uniquement un nationalisme français : pas question pour lui d'envisager à terme un quelconque «Empire européen». L'Action française agit en fonction de «la Seule France». Elle vit donc l'actuel processus d'unification européenne comme un véritable drame. Contrairement à de nombreux nationalistes, qui rêvent d'une Europe fédérative, les royalistes veulent à tout prix préserver la souveraineté nationale. Ce nationalisme viscéralement cocardier les pousse à rejeter en bloc toute velléité unitaire sur le continent européen. C'est ainsi que lorsque l'Allemagne se réunifie le 3 octobre 1990, *Aspects de la France* titre avec angoisse : «Non au Quatrième Reich!» (le 4). En d'autres termes, un roi, oui, mais pour la France seule.

Si d'aventure le prince était couronné, à quoi ressemblerait la société française ? L'orléanisme a tout prévu. Il a codifié une véritable doctrine sociale, qui vient compléter le choix monarchique. Prônant une large décentralisation à la base, il envisage un modèle dual : la démocratie selon le suffrage universel est maintenue au niveau local et régional. Mais au niveau politique, c'est le roi qui règne, qui nomme les ministres et qui décide de la ligne d'ensemble. Les monarchistes veulent en fait reconstruire la France de bas en haut, en s'appuyant sur les « corps intermédiaires ». Pour Nicolas Portier, ces corps « sont capables de supporter mieux que l'État l'organisation sociale de la nation. (...) Il s'agit de demander à l'État de se retirer sans laisser la jungle au-dessous de lui ». Cela signifie que l'État monarchique n'a pas à s'occuper des problèmes locaux ou professionnels. Ces domaines doivent appartenir aux assemblées locales ou corporatives.

Cette vision décentralisée correspond en fait à une volonté de ré-enraciner la population, ou « pays réel ». Il y a donc ici un naturalisme sous-jacent. La nation est peut-être un produit de l'histoire mais la région permet de s'enraciner dans un sol.

Hostile au libéralisme, qui lui semble intrinsèquement cosmopolite et antinational, le royalisme orléaniste implique une véritable vision du monde. C'est un appareillage doctrinal qui ne se contente pas de souhaiter une hypothétique restauration, mais codifie à l'avance la future société monarchique.

Le légitimisme : le Trône et l'Autel

Si l'orléanisme se présente comme un édifice clos et charpenté, il en va tout autrement du légitimisme. Entre les deux attitudes, il y a beaucoup plus que le choix du prince.

Le légitimisme se présente fièrement comme un sentiment. Là où Maurras glisse du raisonnement et de l'empirisme, le légitimisme proclame les vertus de l'attachement viscéral et du romantisme. Dans son « Que sais-je ? » sur *le Légitimisme* (PUF), Stéphane Rials le définit justement comme « une fidélité dynastique ». Il ajoute que « la démarche orléaniste est inverse : là, le choix d'une dynastie résulte du primat accordé à une doctrine ».

Sans entrer dans la délicate querelle qui sépare les amis du comte de Paris de ceux du duc de Bourbon, on constate qu'effectivement le légitimisme est avant tout un instinct, un atavisme. On pourrait dire en résumant les choses que ce courant royaliste est tout simplement un attachement absolu à la dualité traditionnelle du Trône et de l'Autel.

Cela signifie qu'il déploie fondamentalement une vision religieuse. La foi catholique est littéralement le ciment du royalisme légitimiste. Principal organe de liaison entre les différents cercles qui le composent, la *Feuille d'information légitimiste* a d'ailleurs pour devise : *Sub Christi Regis vexillis militare gloriamur* (« Nous nous glorifions de combattre sous la bannière du Christ-Roi »). Commentant cette phrase dans son édition de janvier 1990, le journal précise que « la royauté sociale et universelle de Notre Seigneur est un motif de combat et d'espérance pour tous les catholiques ». Rétablir le roi, c'est donc revenir à l'ordre social de la chrétienté : « Pour qu'Il règne, il faut connaître et appliquer la doctrine sociale de l'Église. » Voici tout le programme politico-social du légitimisme : un roi, qui décide de ce qu'il faut faire, et une dogmatique : le catholicisme. Le politique est donc véritablement imbriqué dans le religieux.

Stéphane Rials parle d'une « politique de la Chute ». La conception royale remonte philosophiquement à la Bible. Les légitimistes ont une conception transcendante de la politique. Voyant que depuis la Chute, le Mal triomphe sur le Bien, ils veulent couronner le roi, parce qu'il règne « de droit divin ». La formule n'est pas gratuite. Pour triompher des forces sataniques, il faut un pouvoir surnaturel. Seul un roi « de droit divin » possède ce pouvoir. Conséquence objective : le légitimisme est aussi providentialiste. Il attend le signe de Dieu. L'aide ultime. Sa vision politique est inséparable de sa démarche de foi.

Fort d'un tel environnement spirituel, il ne peut évidemment s'aventurer à formuler des propositions concrètes. Seul le roi en aura le droit lorsqu'il montera sur le trône. Toutefois, on remarque, d'un groupement à l'autre, un certain nombre d'attitudes communes, à commencer par le rejet définitif de la démocratie. La *Feuille d'information légitimiste* le dit ouvertement dans son numéro de mai-juin 1990 : « La démocratie n'est pas une bonne organisation politique. » Exit le royalisme démocratique de la Nouvelle Action royaliste.

Faut-il pour autant classer les légitimistes dans le camp nationaliste ? Absolument pas. Nous touchons ici une des grandes particularités de cette sensibilité. Nos royalistes intégraux s'opposent à ce que Pie XI appelait le « nationalisme exagéré ». Son péché ? Il « substitue le culte rendu à la nation au culte rendu à Dieu » (*Feuille d'information légitimiste*, avril 1990). En d'autres mots, le culte rendu à Dieu est beaucoup plus important que l'attachement viscéral à une nation. Ici, c'est Maurras qui est visé, et à travers lui l'irréductible nationalisme de l'Action française.

Contrairement aux maurrassiens, qui appuient leur corpus doctrinal sur la défense absolue de « la Seule France », les légitimistes ne sont pas nationalistes cocardiers. Pour eux, les grandes familles aristocratiques ont par nature un caractère transnational. C'est pourquoi les mariages princiers unissent souvent des gens de pays différents.

Noblesse et royauté n'ont donc pas un caractère strictement français. D'ailleurs, le christianisme a une vocation universelle. C'est pourquoi le légitimisme appelle de ses vœux une Europe chrétienne. Contrairement à l'orléanisme, qui craint l'unité européenne comme la peste et le choléra réunis, les partisans de Louis XX pensent que « l'Europe doit être unie par la Croix » *(op. cit.)*. Ils se prononcent pour une Europe des rois, bâtie sur le catholicisme, et rejetant la démocratie.

Nationalistes modérés, ennemis absolus de tout dogmatisme politique, ils ont forcément en économie des conceptions assez souples. On ne trouve pas chez eux d'hostilité à la libre entreprise ou à l'économie de marché. Sont-ils donc libéraux ? Pas tout à fait : n'oublions pas que le courant légitimiste est largement né au XIXᵉ siècle en réaction contre le libéralisme philosophique et « les Lumières ». On peut donc parler d'un antilibéralisme de principe, qui ne s'accompagne évidemment pas d'une idéologie de remplacement : le Trône et l'Autel devraient suffire.

Courant fort éloigné de l'orléanisme, le légitimisme connaît depuis le début des années 80 un incontestable regain, qui s'explique largement par les prises de position du comte de Paris. Rappelons qu'Henri de France s'est rallié à la démocratie, et développe des thèses proches de celle de la NAR : sympathie envers François Mitterrand, refus de condamner l'immigration, etc.

Un autre facteur joue : la montée du catholicisme traditionaliste. Nous allons voir qu'il développe une vision royaliste, proche de l'espérance légitimiste : le Christ, et le roi.

10.
Traditionalisme catholique :
la foi en armes

Il est évident que le traditionalisme catholique ne peut en aucun cas être considéré comme un courant politique analogue au nationalisme révolutionnaire ou au royalisme orléaniste. Il s'agit d'une doctrine religieuse, qui implique obligatoirement un engagement politique à droite.

Mais pour beaucoup de gens, les « intégristes » représentent avant tout une sorte de meute « ronchon » obsédée par la défense absolue de la messe en latin. Cette image caricaturale ne peut donner du phénomène une idée claire : elle s'en tient à la partie émergée de l'iceberg. Pis : elle banalise une idéologie religieuse fortement connotée sur le plan politique.

Comme beaucoup d'autres courants (religieux ou politiques), celui-ci est loin d'être unanime. La principale divergence porte sur l'attitude vis-à-vis du Vatican. Le camp traditionaliste est divisé en deux branches.

La première constitue une opposition interne à l'Église. Dominée par les personnalités de Jean Madiran, Bernard Anthony dit Romain Marie, ou dom Gérard, elle défend ses thèses dans le cadre du catholicisme organisé, ce qui lui interdit forcément d'aller trop loin.

La seconde a suivi Mgr Lefebvre après son excommunication en 1988 pour avoir ordonné quatre évêques sans avoir obtenu le consentement papal. Elle se situe organiquement en dehors de l'Église, et se caractérise par un grand « absolutisme » doctrinal.

Que veulent donc les catholiques de la tradition ? Le retour à la messe en latin ? Ils s'opposent en fait globalement au concile Vatican II (octobre 1962), et principalement à l'encyclique *Dignitatis humanae*, qui porte sur le point litigieux de la « liberté religieuse ». Ce qui les amène à lutter contre la réforme liturgique de Paul VI et contre l'œcuménisme.

Pourquoi des catholiques se mettent-ils en guerre contre les décisions de leur Église ? Parce qu'ils remettent en cause l'esprit même du concile. Dans une *Lettre à Mgr Jean-Charles Thomas sur l'intégrisme*, publiée par l'Église en 1988, l'abbé Marc Flichy, curé de Chevreuse, définit l'intégrisme comme une « contestation de la culture moderne centrée sur la subjectivité de l'individu humain ».

L'intégrisme reproche à Vatican II de brader la foi au profit de l'humanisme. Il se dresse contre l'anthropocentrisme pour lui substituer le théocentrisme. A ses yeux, l'Église moderne, en réformant son rituel et en introduisant un certain humanisme, a abandonné l'essentiel de la doctrine.

Les traditionalistes se veulent les derniers des vrais catholiques. Leur action est avant tout une critique du modernisme. Cette critique s'enracine dans un dogme intangible : il ne saurait y avoir de « liberté religieuse ». Contrairement à l'Église, qui affirme lors de Vatican II que toutes les religions sont porteuses d'une même spiritualité, ils estiment que seul le catholicisme détient la Vérité. En instituant la « liberté religieuse », on attaque directement la catholicité.

Mensuel proche du Front national, *le Choc du mois* explique ce point essentiel dans son numéro de septembre 1988 : « Il ne peut y avoir plusieurs vérités différentes, ni même deux. L'expression ''A chacun sa vérité'' est, comme l'affirmait déjà Aristote, une ânerie. Les personnes professant d'autres croyances (bouddhistes,

musulmans, adorateurs de l'oignon...) sont par conséquent dans l'erreur. »

Il n'y a qu'une seule vérité : celle du Dieu des chrétiens. Ceux qui pensent différemment sont des rebelles.
Ils n'ont qu'à se taire. La lutte contre la liberté religieuse
est le fondement idéologique du traditionalisme catholique. Il considère que l'homme n'a pas le choix de la
religion, parce que la seule vraie foi est catholique.

Cela nous mène tout droit au terrain politique. Les
traditionalistes veulent interdire les autres religions. Leur
combat présuppose donc l'abolition de la laïcité et le
retour à un système politique chrétien.

Car les racines théoriques du catholicisme « dur » sont
aisément discernables. L'abbé Flichy pense qu'il se dresse
« contre les 3 *R* : l'humanisme de la *R*enaissance, le libre
examen de la *R*éforme, et la revendication de liberté
exprimée dans la *R*évolution française ».

Nous sommes face à une doctrine religieuse anti-
moderniste, qui lutte directement contre les valeurs de
la République et contre l'« esprit des Lumières ». Qu'elle
est loin, la simple contestation de la messe en français !
Car l'intégrisme génère une véritable philosophie politique. C'est Hubert Le Caron de Chocqueuse qui écrivait dans la revue de la Fraternité Saint-Pie X, *Fideliter*
(mai-juin 1988), cette phrase décisive : « Les traits de
Satan se retrouvent dans la Révolution. »

Satan est plus que jamais « le prince de ce monde ».
Les valeurs de la démocratie sont considérées comme
sataniques. Comment s'étonner, dans ces conditions, que
feu Mgr Lefebvre affirme le 21 juin 1981 que « voter
socialiste, c'est voter contre Dieu » ? A dire vrai, le père
spirituel de l'intégrisme multiplie de son vivant les décla-
rations provocatrices. Se recueillant le 13 avril 1987 sur
la tombe du maréchal Pétain, à l'île d'Yeu, il explique
sereinement : « J'ai un profond respect pour ce militaire
qui a sauvé par deux fois la France, et a toujours agi
dans un grand esprit chrétien. » Le 13 avril 1987, il
décide de soutenir le général Pinochet : « Il n'y a pas
un pays où l'on puisse circuler aussi librement qu'au

Chili. » On pourrait multiplier à l'envi les « petites phrases » politiques du défunt évêque schismatique.

On notera que les traditionalistes ne se considèrent absolument pas comme des « extrémistes de la foi ». Ils affirment au contraire être les dépositaires du dogme catholique, dans toute son intangibilité. Mais si l'on étudie cette proposition, on s'aperçoit qu'ils n'opèrent aucun retour à l'Église primitive, à celle des premiers jours.

Leur remontée dans le temps s'arrête à l'époque de la royauté. Lisons l'abbé Flichy : « Dans les faits, les rites de la messe n'ont cessé de changer. » Vouloir revenir à la « messe de toujours », c'est en fait s'appuyer sur le concile de Trente et le rite de saint Pie V, qui marquent une époque de l'Église, non son intégralité. Leur rejet des « 3 R » et leur haine du modernisme les place tout naturellement dans une sensibilité nationaliste, voire royaliste.

Point important : ils reprennent à leur compte le discours antijuif du catholicisme d'avant Vatican II. Jean Madiran, actuel directeur du quotidien frontiste *Présent*, écrivait déjà en 1944 dans *l'Action française* : « Le juif souffre par où il a péché » (cité par Olivier Biffaud dans *le Monde* du 29 mai 1990). La citation est encore très actuelle. J'ai été personnellement témoin d'un fait troublant. Alors que j'interrogeais en juillet 1990 l'abbé Laguérie, curé de l'église intégriste Saint-Nicolas-du-Chardonnet, j'ai fait la connaissance de Mgr Williamson, évêque américain nommé par Mgr Lefebvre en 1988. Celui-ci m'a expliqué devant témoins qu'il était convaincu de la véracité des thèses révisionnistes niant l'existence des chambres à gaz. Il m'a même demandé avec une certaine gourmandise si j'avais lu le *Rapport Leuchter*, une nouvelle publication révisionniste. Cette intrusion de Faurisson dans l'enceinte d'une église avait quelque chose de révélateur. Elle en disait sans doute long sur l'étendue de l'imprégnation politique de la foi traditionaliste.

Le traditionalisme catholique, qui présuppose l'existence d'un État chrétien non démocratique, interdisant les autres religions, et s'appuyant sur un héritage royal, est en fin de compte un grand pourvoyeur de militants d'extrême droite. On décèle son influence non seulement au sein du Front national, mais aussi dans le nationalisme classique, ainsi que dans les différents royalismes.

royalismes.

11

National-conservatisme :
l'extrémisme bourgeois

Le national-conservatisme n'est pas vraiment une idéologie charpentée, avec tables de la Loi et Petit Livre vert. Il s'agirait plutôt d'un état d'esprit, de moins en moins présent dans l'extrême droite française.

Beaucoup de militants d'ultradroite ont l'habitude d'opérer une distinction entre « nationaux » et « nationalistes », les premiers adoptant des positions beaucoup plus modérées que les seconds. En réalité, le camp national se caractérise avant tout par le fait qu'il ne veut pas changer le système. Il n'est pas révolutionnaire, mais démocratique et réformateur.

Les nationaux-conservateurs représentent donc l'aile droite de l'opposition modérée, à l'image passée d'un Jean-Louis Tixier-Vignancour, ou à l'exemple actuel d'un Philippe Malaud. Plutôt âgés, rarement activistes, ils défendent un certain nombre de dogmes intangibles : l'atlantisme, le rejet du gaullisme — en souvenir de l'Algérie française —, l'anticommunisme, le libéralisme, le conservatisme et le soutien à Israël.

Précisons que Jean-Marie Le Pen plonge ses racines politiques dans la famille nationale. Le programme officiel du Front national s'inspire d'ailleurs largement des thématiques nationales-conservatrices ; mais elles sont lourdement contrebalancées par l'influence grandissante du Club de l'Horloge et du GRECE. C'est pourquoi nombre de nationaux ont aujourd'hui déserté le parti lepéniste : Jules Monnerot, Édouard Frédéric-Dupont, Pascal Arrighi, Wladimir d'Ormesson et tant d'autres. Le national-conservatisme a donc perdu beaucoup de son impact politique. Il s'est dilué dans le frontisme sans pouvoir maintenir ses traits distinctifs.

Quant aux autres formations qui s'en réclament plus ou moins distinctement (Centre national des indépendants, Union des indépendants, Fédération nationale des indépendants, Union nationale interuniversitaire, Mouvement Initiative et Liberté...), elles ne parviennent pas à trouver leurs marques entre un Front national de plus en plus puissant et un RPR toujours très carnivore. Le national-conservatisme ne semble pas avoir aujourd'hui beaucoup d'avenir politique.

QUATRIÈME PARTIE

CINQ TÉMOIGNAGES

Après avoir évoqué les modifications de fond et de forme, après avoir dressé un tableau des différentes idéologies d'extrême droite en France, il ne nous reste plus qu'à nous confronter à la réalité même. C'est l'objet de cette partie, constituée uniquement d'entretiens avec des gens qu'on classe ordinairement à l'extrême droite.

Parfois éclairants, souvent choquants, ces entretiens doivent être appréciés non seulement sur le plan des idées, mais aussi sur celui du discours. Ils illustrent à merveille cette révélation récente : l'extrême droite est devenue experte en dialectique. L'art de détourner les attaques, de reprendre à son compte le vocabulaire de l'adversaire, est inséparable de l'évolution doctrinale. Ces « confessions » ont peut-être ainsi plus de sens que tous les textes théoriques cités par ailleurs.

1.

Arnaud Dubreuil, modéré extrême

Se définissant comme traditionaliste révolutionnaire, Arnaud Dubreuil est journaliste à la revue *Vouloir*, proche de la Nouvelle Droite. Il s'occupe par ailleurs d'un journal de mode.

J'ai 19 ans et demi. Je n'ai pas adhéré à d'innombrables mouvements. En fait, j'ai commencé au Front national. Je me suis inscrit en 1986 et j'y suis resté deux ans. Mais je suis toujours sympathisant.

A quelle époque se situe votre première prise de conscience politique?

Ma première prise de conscience, c'est « L'heure de vérité » de Jean-Marie Le Pen en 1984. J'avais 13 ans. J'ai eu l'impression d'entendre quelque chose de différent de ce que disaient les autres hommes politiques. J'ai eu l'impression que Le Pen s'adressait au peuple avec une sorte de pureté... Il y a un autre aspect : je pense que les Français aiment bien le « seul contre tous ». Il était évident que les journalistes qui insultaient Le Pen se discréditaient par leur violence verbale. C'est ce qui m'a rendu attentif à ses propos.

D'habitude, quand on a 13 ans et qu'on s'intéresse à la politique, on n'est pas droitier. On serait plutôt en révolte.

Je pensais à l'époque qu'être réactionnaire c'était être beaucoup plus révolutionnaire qu'un gauchiste soixante-huitard attardé. Le gauchisme, c'est du conformisme. En Mai 68, certaines idées façonnées par la société pouvaient paraître anticonformistes aux gens de gauche. Mais aujourd'hui, il est beaucoup plus anticonformiste de prôner des notions aussi réactionnaires que le mariage, la famille et la patrie, que de prôner la liberté sexuelle ou la liberté de la femme.

Donc, en 1986, vous êtes membre du Front national. Comment devenez-vous traditionaliste révolutionnaire ?

Par *Éléments*. J'ai déjeuné un jour avec un surveillant de mon école qui était très influencé par la Nouvelle Droite, et qui m'a prêté des numéros d'*Éléments*. Je dois dire que cela a vraiment changé mes idées. A l'époque, je me considérais comme nationaliste révolutionnaire. J'ai très vite compris qu'on ne pouvait pas être nationaliste révolutionnaire en acceptant la dépendance américaine et le capitalisme libéral. *Éléments* m'a vraiment transformé. Ce fut un détonateur.

Pensez-vous que l'extrême droite des années 90 a vraiment changé sur le plan des idées ? Ou bien a-t-elle tout simplement appris la dialectique ?

Il y a un mélange des deux. Je pense franchement que contrairement à Le Pen, qui parfois masque son discours, Alain de Benoist dit ce qu'il pense vraiment. En revanche, je pense qu'il y a dans la mouvance « Nouvelle Droite » des personnes qui sont beaucoup plus extrémistes qu'Alain de Benoist, et qui masquent leur discours par stratégie dialectique (...).

Vous vous définissez, non comme un nationaliste, mais comme un traditionaliste. Qu'entendez-vous par là ?

Je pense comme Evola que notre combat n'est pas seulement européen. Il est mondial. Le nationalisme conduit inéluctablement à l'ethnocentrisme, alors que la démarche traditionaliste intégrale prend en compte la fidélité à l'Idée. Ma démarche métapolitique s'oppose catégoriquement aux idéologies de mort identitaire que constituent l'universalisme marxiste et l'universalisme libéral. Le traditionalisme prône au contraire un universalisme différencialiste et relativiste.

Julius Evola, c'est votre maître à penser ?

Il y a deux niveaux dans ma démarche. Au niveau politique, je me rattacherais volontiers à la vision traditionnelle de la Phalange espagnole et de son chef historique José Antonio Primo de Rivera, sans oublier la Garde de Fer du Roumain Corneliu Codreanu. Au niveau de la pensée doctrinale et spirituelle, je me rattache à Evola, sans pour autant tomber dans l'évolomanie.

Qu'est-ce qui vous séduit chez Evola ?

Je pense que sa pensée aristocratique mais non réactionnaire au mauvais sens du terme peut intéresser quelqu'un qui cherche à se doter d'un corpus idéologique cohérent. Je suis effectivement contre toute notion cocardière, chauvine, jacobine de la nation. Je suis un partisan de l'Empire européen.

Que pensez-vous de la démocratie ?

Actuellement, nous ne vivons pas en démocratie. La démocratie est confisquée par les lobbies et les oligarchies financières. On ne peut pas dire que le peuple est souverain. C'est faux. En revanche, ma démarche métapolitique s'inscrit dans l'ordre des principes. En effet, la démocratie implique la loi du nombre, le règne de la quantité, et finalement une notion massificatrice et non aristocratique de la nation. Je rejette donc le principe démocratique.

A quoi ressemblerait donc la société idéale ?

J'ai peur de me rendre nostalgique si je dis : une synthèse entre le « Ventennio » de Mussolini et la République sociale italienne [14]. C'est-à-dire une synthèse entre la tradition et la révolution. La société idéale ne pourrait se concevoir que dans une vision européenne. Je suis pour l'Imperium européen. Ce qui ne veut pas dire la supranationalité étendue à toute l'Europe. Cela veut dire qu'il faut, par exemple, une armée européenne.

Mais je ne crois pas que si demain nous réalisons
l'Empire chaque pays pourra avoir une responsabilité
définie dans chaque domaine. Je pense qu'il est inéluc-
table que deux ou trois pays européens se projettent en
avant et passent devant les autres.

*Dans la société idéale, que faites-vous des droits de
l'homme ? Je prends un exemple : toléreriez-vous le Parti
communiste ?*
Non. D'ailleurs, il n'a plus le droit d'exister depuis
1945, étant donné qu'aucune loi n'a rétabli son existence
après son interdiction en 1941. Donc le Parti communiste n'a pas droit de cité en France. Par contre, je ne
suis pas du tout pour un totalitarisme uniformisateur.
Je pense que certaines idées peuvent s'exprimer, à partir du moment où elles n'engendrent pas un danger pour
la nation.

Qu'est-ce qui vous fait peur ?
C'est l'homogénéisation des individus.

C'est quoi un Français, pour vous ?
Naît français celui qui naît de parents français. Être
français, ça s'hérite... Un Français est donc d'héritage
indo-européen.

Vous excluez les Français juifs ?
Il faut d'abord distinguer les ashkénazes des séfarades. Les séfarades ne sont en général pas d'héritage indo-
européen. Par contre, on ne peut pas aller contre l'assimilation des ashkénazes, qui sont extrêmement minoritaires en France. Je ne suis pas pour le renvoi des juifs.
Je pense qu'il y a certains secteurs clefs auxquels ils ne
doivent pas toucher : la politique, les professions à caractère prosélytique. Il est indéniable qu'il y a aujourd'hui
70 p. 100 de journalistes qui par leurs idées antinatio-
nales luttent contre le nationalisme en général. Je le dis
d'autant plus aisément que je ne me définis pas comme
nationaliste.

*Quand on se réfère à Julius Evola, peut-on encore
considérer Le Pen comme un leader ?*

Idéologiquement, il est certain que c'est difficile. Mais d'un point de vue stratégique, je ne vois pas ce qu'il y a d'autre que le Front national.

Le fait d'être traditionaliste révolutionnaire a-t-il une incidence sur votre vie quotidienne ?

Être traditionaliste, c'est avoir un discours modéré avec des principes durs. Cela entraîne de ne pas être en dehors du système, mais de le combattre férocement au niveau des idées.

Pensez-vous que la montée de Le Pen va continuer ?

Oui, complètement. Le Pen a vocation à monter de plus en plus. Il n'en est qu'à ses débuts. Je pense que 15 %, c'est trop faible. Je crois que Le Pen peut atteindre un jour 25 %.

2.

Jean-Pierre Dufour, nationaliste pragmatique

**Jean-Pierre Dufour vient de passer son baccalauréat.
Il a déjà un palmarès militant assez important : après
avoir été successivement membre de l'Union nationale
interuniversitaire, de l'Action française, de France-
Action-Renaissance et de la Jeune Action nationaliste,
il a récemment adhéré au Front national.**

Je suis issu de la moyenne bourgeoisie. Je suis né en
1971. Mon père est mort quand j'avais deux ans. Il était
gaulliste. J'ai été élevé par ma mère, et par mes grands-
parents, qui sont de tendance conservatrice. Ma mère,
par contre, s'est engagée en 1968 dans le mouvement étudiant. Elle est aujourd'hui comme beaucoup de Français : relativement libérale pour les questions
économiques, plutôt à gauche pour le reste.

*Comment s'est effectuée votre prise de conscience
idéologique ? Avez-vous toujours été à droite ?*
Quand j'étais gosse, je jouais au soldat. Je m'inté-
ressais beaucoup à la politique, aux informations, mais
je n'avais aucun engagement nationaliste particulier,
parce que l'éducation que j'avais reçue ne s'y prêtait
absolument pas : une sorte d'humanisme tolérant, catho
progressiste, en fait très « droits-de-l'hommard ». J'ai
commencé à bouger, suite aux manifestations étudian-

tes de novembre-décembre 1986. J'ai découvert qu'il y avait des gens de mon âge, des lycéens, qui militaient, qui ne se contentaient pas de faire de la politique en réfléchissant de temps en temps devant leur poste de radio, mais qui s'engageaient. Qui présentaient un projet de société qui était : « Un seul drapeau, Black, Blanc, Beur », c'est-à-dire le refus de la sélection, l'anonymat massificateur du « Nous sommes tous des potes ». Je me suis dit : « C'est pas ça ! » Je ne me reconnaissais pas dans le modèle représenté : le modèle du cosmopolitisme, le modèle de l'anonymat au nom du refus de toute sélection, le modèle de l'égalité absolue. J'ai donc réfléchi, et je me suis dit qu'il n'était certes pas ridicule de s'engager à 15 ans, mais que ce ne serait pas dans cette direction. Parce que mon drapeau n'était pas black-blanc-beur. Je n'étais pas nationaliste, mais mon drapeau était bleu-blanc-rouge. Vers février 1987, je me suis donc engagé à l'UNI[15]. L'UNI, c'était des autocollants dans mon lycée. C'était la droite au lycée.

Vous n'étiez pas du en tout « en révolte » contre la société.

Non, au contraire. Je cherchais plutôt à la défendre : l'ordre des bourgeois et les passages cloutés. J'étais droitier, libéral, et patriote, sans être vraiment nationaliste. Je n'avais pas spécialement de sympathies pour Chirac, et j'aimais bien le Front national. Mais ça n'allait pas plus loin. J'avais l'état d'esprit : « Être français, ça se mérite » : pour peu qu'il soit bien-gentil-bien-sage, le bon Noir a sa carte d'identité française toute trouvée. En fait, je pensais alors comme un tiers des Français.

Comment s'est effectué votre glissement vers l'extrême droite ?

Il n'y a pas eu de flash. Un aspect a dû certainement jouer. Au départ, on arrive avec des idées conservatrices, qui ne sont pas choquantes au regard du modèle préétabli par la société : celui des droits de l'homme, celui de « la bagnole, la télé, le tiercé », celui de « Touche pas à mon pote Coca-Cola ». Mon engagement ne me semblait pas du tout contraire à ce modèle. C'était même une défense de cette société. Mais quand un petit lycéen donne des tracts pour l'UNI, il se fait traiter de « nazi », ou de « fasciste ». Alors, au départ, c'est la surenchère. On tente de se justifier : « Mais non, je ne le suis pas du tout ! » Dès que j'ai l'occasion de montrer mes bons sentiments, je le fais. Mais en même temps, il y a une réaction de rejet : je me dis que moi, je veux de ces gens-là, mais qu'ils ne veulent pas de moi. Je pense que c'est un processus qui est certainement à l'origine de la radicalisation de pas mal de gens de droite. Mais ce qui a le plus compté dans mon engagement, ça a été ma « conversion » au catholicisme. Pendant l'été 1987, j'ai suivi un camp de vacances avec un mouvement de jeunes traditionalistes. C'est là que j'ai rejoint le catholicisme. Auparavant, je partais de l'optique démocrate : « Du moment qu'il le fait poliment, chacun a le droit de s'exprimer ; il n'y a pas de vérité absolue ; chacun se gouverne lui-même. » Mais dans le catholicisme, il n'y a pas deux vérités. Il n'y en a qu'une. A partir de là, ça remet en question les fondements de la démocratie. Les choses sont vraies ou fausses, indépendamment de ce que les gens peuvent en penser. A partir du moment où j'ai réalisé que le bien et le mal étaient indépendants de l'opinion générale, les dés étaient jetés. C'est là qu'a eu lieu le basculement.

Aujourd'hui, que pense votre mère de votre engagement nationaliste ?
Elle est très affectée par mon activité politique. D'abord, ça l'inquiète parce qu'on peut toujours prendre un mauvais coup, et en plus c'est à l'opposé de toutes ses valeurs.

Vous en discutez, parfois ?
On évite, parce qu'elle le prend très mal. Elle souffre notamment beaucoup de mon hostilité au judaïsme. C'est le point qui la choque le plus. Le fait qu'on conteste la sacro-sainte démocratie, le fait qu'on considère que l'intérêt des immigrés eux-mêmes est de vivre heureux

et dignes sur leur sol, et non pas d'être les éléments déracinés d'une société de consommation niveleuse, ça, ma mère ne le conçoit pas.

Comment devient-on hostile au judaïsme ?

Ça vient petit à petit. Au départ, j'étais farouchement prosémite, et pro-israélien. Je disais : « Les Israéliens sont de droite, comme moi. » Au niveau des juifs, je disais : « Ce sont des Français comme les autres. » D'ailleurs, je mettais un effort particulier, quand j'étais droitier, à convaincre mes camarades juifs de rejoindre les nationalistes français. Je me suis rendu compte ensuite qu'on ne peut pas faire partie de deux peuples à la fois. Celui qui se réclame du peuple juif ne peut pas également se réclamer du peuple français. Ensuite, dans le cadre de ma condamnation du racisme, je m'oppose au concept de « peuple élu ». Moi, en tant que Français, en tant qu'Européen, je n'ai pas l'impression d'appartenir à un peuple élu qui a une vocation supérieure, dominatrice, par rapport aux autres.

Si je vous suis bien, vous prêtez à la communauté juive un sentiment dominateur.

Je ne le prête pas. Il se trouve en lui-même inscrit dans le concept de « peuple élu », qui sous-entend une supériorité, une différence vis-à-vis des autres peuples.

Avez-vous l'impression que l'extrême droite a changé, ces dernières années ?

Sur le fond, non. L'extrême droite n'a pas changé. Elle garde les mêmes principes métapolitiques : le principe identitaire, le principe de défense des communautés, la conception d'un homme en communauté par opposition à un individu taylorisé, standardisé, indifférencié. A ce niveau-là, il y a une permanence. Le principe anticonformiste de lutte contre le système et la dissociation qu'il opère entre pays légal et pays réel sont aussi des éléments traditionnels qui remontent aux racines du nationalisme français. S'il y a un changement, je dirais qu'il est dans le discours, et dans les thèmes de campagne : le thème de l'immigration est ainsi devenu le cœur du discours nationaliste. Le thème de l'immigration provient d'un phénomène absolument nouveau dans l'histoire de France, qui est un flux migratoire massif de personnes d'origine non européenne. Avec l'immigration, l'extrême droite a un thème politique qui est à la fois important par rapport aux principes nationalistes et porteur vis-à-vis de l'opinion. Il est important parce qu'il touche à l'identité elle-même. Parce que en créant une société multi-ethnique, on aboutit soit à une ghettoïsation, c'est-à-dire au modèle libanais et à la guerre civile, soit à une fusion des communautés, c'est-à-dire au modèle brésilien, ou dans une moindre mesure américain. Donc, c'est un thème qui concerne fondamentalement l'identité, et par conséquent la pensée nationaliste. Il est aussi porteur. Pourquoi ? Parce qu'il est mobilisateur. Visible. Le « Français de base », pour reprendre l'expression de Giscard d'Estaing, n'est pas sensible à une diatribe contre « le système, l'homogénéisation et les méfaits de l'économie libérale par rapport à la philosophie ethno-différencialiste ». Tout ça le laisse complètement froid. L'Arabe du coin qui lui vole son sac, qui lui pique son emploi, qui passe devant lui à l'ANPE, ce sont des clichés auxquels il est sensible. Le thème de l'immigration, il le côtoie tous les jours.

Quand vous vous référez à un principe identitaire, comment réglez-vous le problème de la deuxième génération, celle des gens nés en France ?
On leur propose de se ré-enraciner.

Mais si vous rencontrez un jeune garçon né à Paris de parents algériens, que lui dites-vous ?
Je lui dis qu'il est algérien.

Parce que ses parents sont nés à l'étranger ?
Oui. Parce qu'il est issu d'une civilisation extra-européenne. La civilisation européenne s'est fondée sur des millénaires de vie en commun. Elle ne se défera pas en quinze ans. Vous savez, l'identité, ça se forge très lentement. Ce n'est certainement pas en deux générations qu'on peut transformer du plomb en or. Si mes

enfants naissent au Gabon, ils ne seront pas pour autant des Gabonais.

Donc, dans la société « future », on expulse les étrangers.

Celui qui n'est pas français s'intègre manifestement à un autre ensemble civilisationnel. On lui souhaite ce que nous nous souhaitons : d'être heureux dans son peuple.

Mais que vont devenir les métis ?

C'est un gros problème. Disons qu'à priori j'exclus deux mesures : d'abord, le racisme dément qui consiste à les noyer comme les chatons d'un pedigree qui ne vous plaît pas. Ensuite, j'exclus l'assimilation.

Où les mettez-vous, alors ?

C'est un gros problème. Ceux qui souhaiteraient émigrer seraient incités à le faire. Ceux qui souhaiteraient se retrouver des racines ailleurs, grand bien leur fasse ! Il y a aussi ceux qui, étant cosmopolites par leur sang, se sentiraient plus à l'aise dans une société métissée, comme aux États-Unis.

En clair, vous êtes en train d'envisager des lois raciales.

Non. Disons : des axes de protection de notre patrimoine naturel. Je pense que le patrimoine doit être préservé, qu'il soit naturel ou culturel.

3.

Arnaud Lutin, ami des Touareg

Arnaud Lutin milite actuellement au Front national. Il est également journaliste au *Choc du mois*. Il a auparavant été membre de plusieurs organisations nationalistes : le Front de la jeunesse, le Renouveau nationaliste et le Groupe Union-Défense, qui étaient au début des années 80 les structures «jeunes» du Parti des forces nouvelles. Il a également rejoint brièvement le Mouvement nationaliste révolutionnaire, avant sa transformation en Troisième Voie.

Je suis né en 1965. Je viens d'un milieu bourgeois classique. Mes parents sont libéraux. Dans ma famille, personne n'est d'extrême droite. Même en cherchant le plus loin possible. Je me suis intéressé très tôt à la politique, puisque j'ai rejoint le Front de la jeunesse en 1978. J'avais 13 ans. J'étais un des plus jeunes. Il est vrai que mes parents sont libéraux, et qu'il y a des gens de gauche dans ma famille, mais on ne m'a pas incité à être communiste. Je pense surtout que je devais être un gamin assez militariste : petits soldats, Saint-Cyr, et tralala.

A l'époque, y avait-il une dimension révolutionnaire dans le fait de s'engager à l'extrême droite?
Oui, tout à fait. Maintenant, je ne me considère plus comme un militant révolutionnaire. Même si je le suis

encore, dans la mesure où je joue certes le jeu de la démocratie, mais si demain il fallait basculer, je le ferais...

Vous avez appartenu à plusieurs petites groupes nationalistes. Comment en êtes-vous venu au Front national ?

J'ai eu le déclic en 1988, le soir des présidentielles. J'étais déjà ouvertement favorable à Le Pen depuis deux ou trois ans. Je faisais mon service militaire dans la marine. Je me trouvais au carré devant la télévision, en compagnie de deux camarades matelots. C'est à ce moment que je me suis dit : « Je ne peux pas rester les bras croisés, dans la mesure où j'ai un petit capital de connaissances à apporter. Ce capital, il faut le mettre au service de Le Pen parce que Le Pen a besoin de tout le monde. » Et aujourd'hui, même si j'ai des amis qui sont hors du Front, qui sont même critiques, tous les gens qui comptent à l'extrême droite, tous ceux qui ont quelque chose à apporter, tous sont derrière Le Pen.

Mais quand on est nationaliste et qu'on rejoint le Front national, ne le fait-on pas par opportunisme, ou disons par souci tactique ?

On aurait raisonné comme ça il y a quelques années. Mais maintenant ce n'est plus le cas. Je n'infiltre pas le Front. Je suis au Front, et je suis frontiste. Il y a chez Le Pen une évolution liée à l'actualité mondiale. Je pense que notre discours a été tout à fait digéré.

Il y a tout de même un écart entre les positions du FN et celles du nationalisme classique.

De moins en moins, si vous regardez bien. Prenez tous les discours et toutes les prises de position : on se rapproche de plus en plus d'une ligne nationaliste tout à fait traditionnelle, qui a l'intérêt d'être développée de façon plus intelligente : plus politique, plus modérée dans la forme, tout en marquant une certaine rigueur dans le fond.

En tant que nationaliste, comment digérez-vous le fait que le FN prône la démocratie ?

Moi, ça ne me pose pas de problème. Je vote. Je suis

électeur. Je respecte la vie démocratique. Je ne suis pas terroriste. Je ne suis pas clandestin. Je ne supporterais pas de vivre dans un pays totalitaire. Le Pen a dit : « Je suis démocrate churchillien. » Je reprends cette définition à mon compte.

Mais si vous parvenez un jour au pouvoir, avez-vous l'espoir de changer le système ?

Non. Si Le Pen arrive au pouvoir, ça ne sera pas le Chili de Pinochet. On n'ira pas enlever « Liberté-Égalité-Fraternité » du fronton des mairies. Le problème, c'est que, pour faire barrage à nos idées, les communistes ou les gaullistes ramènent tout aux années 40. La diabolisation est permanente. Tout ce qui se rattache à la guerre devient une arme utilisée contre le Front. Or, même s'il y a des gens d'extrême droite qui remettent en selle un passé parfois contestable, notre préoccupation majeure n'est pas exclusivement de demander réparation devant l'histoire. On ne prône pas l'apartheid en France. On ne prône pas l'État national-socialiste ! Cela n'a rien à voir... Que voulez-vous que je vous dise ? Qu'une fois au pouvoir, on va remplir des trains de déportés ?

Quand on vous traite de raciste, comment réagissez-vous ?

Je ne réponds même plus. Quand on me dit : « T'es raciste, t'es antisémite », je refuse de répondre. Cela fait dix ans qu'on me bassine avec ça. Je n'ai pas de portrait d'Hitler au-dessus de mon bureau ! Je sature, là...

Vous êtes un peu maximaliste. Vous vous dites nationaliste. Or vous savez très bien que beaucoup de nationalistes se réfèrent à la défense de l'homme blanc.

Je me sens français. Je me sens profondément européen. Mais je n'ai pas toujours le sens de la solidarité ethnique : entre un Américain dégénéré du Texas et un touareg du désert, j'ai plus de sympathie pour le touareg, parce que c'est quelqu'un qui est attaché à son identité. J'aime les étrangers parce qu'ils sont étrangers. J'ai eu la chance de voyager pas mal dans ma jeunesse. Je continue à le faire. Je pense donc être assez ouvert. Mais

je ne suis pas pour autant favorable au métissage généralisé de la planète. Je ne vous dirai pas que je suis ethno-
différencialiste parce que le terme me fait ricaner, mais
ça correspond quand même à quelque chose. Le Grand
Satan, c'est aujourd'hui l'Amérique !

Qu'est-ce que ça signifie, au fond, être nationaliste ?

Aujourd'hui, c'est vouloir restaurer la primauté de
l'identité française, et la primauté des valeurs qui sont
attachées à notre pays. Être nationaliste, c'est refuser
de subir systématiquement les modes et les références
étrangères dans ce qu'elles ont de négatif. C'est aussi
ne pas croire que la société multiculturelle est inexorable. Nous devons garder notre spécificité de Français de
souche européenne. Il y a un ferment européen, qui est
la clef de voûte de notre race. Être nationaliste, c'est
aussi vivre la tête haute. Le grand « bravo », le grand
« merci » que l'on peut adresser à Le Pen, c'est de nous
avoir redonné notre fierté. Le Pen a permis de restaurer des idées qui nous sont propres. On est une force
politique. On peut maintenant mettre en difficulté des
gens qui nous ont toujours craché à la gueule, et qui nous
ont regardés avec l'arrogance d'un châtelain pour un
palefrenier. L'époque où Jean-Paul Sartre disait qu'un
homme de droite ne pouvait pas avoir de talent est révo-
lue. C'est la revanche des « réprouvés » chers à von
Salomon. Aujourd'hui, l'alternative est la suivante : la
société pluriculturelle et les idées de gauche, ou la France
française.

*A l'instar de beaucoup de gens d'extrême droite, vous
considérez-vous comme un Indo-Européen ?*

Oui, tout à fait. On peut reprendre à notre compte
cette conception de l'homme européen. Les Indo-
Européens, c'est une réalité scientifique, biologique,
culturelle et linguistique. Avec mes amis, on a tout
fait pour sortir des créneaux traditionnels de l'extrême droite. C'est la raison pour laquelle elle a évolué. Ce qui ne veut pas dire que nos racines doivent
être niées.

Qu'est-ce qui a évolué ? L'idéologie, ou tout simplement le discours ?

Je pense que c'est l'ensemble. J'ai évolué. Aujourd'hui, je suis membre du Front. Il y a dix ans, j'étais différent. Mais le Front l'était aussi. Le Front a peaufiné son discours. Il a ingurgité ce qu'il y avait de positif dans le discours métapolitique. La plupart des gens qui comptent au Front aujourd'hui ont subi l'influence de la Nouvelle Droite, le problème religieux mis à part [16]. C'est indiscutable. Le cocktail gagnant, c'est la personnalité de Le Pen et une équipe largement nourrie par la Nouvelle Droite.

4.

Nicolas Portier, royaliste raisonneur

Étudiant à l'Institut d'études politiques, Nicolas Portier est secrétaire général adjoint de la Restauration nationale (héritière politique de l'Action française) et responsable pour l'Ile-de-France.

Je suis né le 7 juin 1966 dans un milieu bourgeois. Je suis fils de médecin pied-noir venu d'Algérie. Je suis né à Dijon quatre ans après la fin des événements. A l'âge de 16 ans, j'ai effectué un retour sur ce passé. C'est cela qui a éveillé ma curiosité politique, et qui m'a fait découvrir un certain nombre de journaux, de livres, de courants de pensée, dont l'Action française.

Vos parents sont-ils d'extrême droite ?
Mes parents sont de droite. Ils ne sont pas vraiment militants politiques. Ils ne sont pas exactement de mes idées. Disons qu'ils sont à mi-chemin. Ils sont d'une droite proche de l'extrême droite sans y être. Une bourgeoisie de droite, pied-noir, donc inclinée à voter Le Pen, mais pas systématiquement. Ma grand-mère maternelle est par contre une chiraquienne forcenée. J'ai aussi des racines ancrées à l'opposé, puisqu'une partie de ma famille est issue de la Commune : mon arrière-arrière-grand-père était Élisée Reclus, le théoricien de l'anarchisme.

*Une telle hérédité ne vous a jamais influencé ? Entrant
en politique à l'âge de 16 ans, vous n'êtes pas tenté par
l'anarchisme ?*

J'ai connu la révolte adolescente de l'anarchisme vers
13 ou 14 ans. Très brièvement. Elle ne m'a jamais séduit.
J'ai toujours détesté les utopies. Mais les penseurs anarchistes m'intéressent. D'ailleurs, beaucoup d'idées anarchistes sont à mon avis voisines des nôtres. Mais il
manque quelque chose à l'anarchisme. Il y a toujours
une mythologie incapacitante. Une paralysie politique.

Au fond, vous n'avez jamais été égalitariste.

Voilà. Je ne suis pas égalitariste. Mais c'est une idée
à préciser. En réalité, ce qui me fait vraiment entrer en
politique, ce sont les événements de 1983. Je pense
appartenir à toute une génération de jeunes militants
nationalistes de 22 à 27 ans qui a fait ses premières armes
dans le mouvement étudiant de 1983 [contre le projet
de réforme de l'enseignement du ministre socialiste de
l'Éducation Alain Savary]. Aussi maigrelet, aussi insi-
gnifiant qu'il ait pu être, il a été dans les années 80 le
seul mouvement de remobilisation de la « droite » étudiante. Ma rencontre avec l'Action française suit en tout
cas les événements de 1983. J'étais déjà attiré par le journal *Aspects de la France*, par Maurras, par tout ce que
cela représentait. Mais je n'étais pas un théoricien. J'étais
quelqu'un qui aimait raisonner, qui aimait les argu-
ments, mais je n'étais pas féru de philosophie politique.
J'ai été attiré au départ par un soupçon de romantisme
politique : le mythe « années 30 », la jeunesse insurgée,
Maulnier, Brasillach. J'ai toujours trouvé Brasillach un
peu léger politiquement, mais j'aimais ses « souvenirs »
et ses romans. Le hasard fait qu'un ami vient me demander un jour de rejoindre un groupe d'Action française
sur Dijon. L'AF était extrêmement squelettique du point
de vue « jeunes ». Il faut bien avouer qu'il y avait alors
une énorme traversée du désert. Un peu comme certains
hommes politiques, l'Action française a traversé un
immense désert, de 1972 à 1985-1986.

Qu'est-ce qui vous attirait à l'AF ? Son côté « vieille maison » ?

Non. Le côté « musée », c'était quand même dur à subir. C'était le côté d'avant la guerre qui m'intéressait : la grande Action française, les Camelots du Roi, 1934 — non pas pour commémorer mais pour rebâtir —, les doctrines, aussi. A Dijon, il y avait l'Union nationale interuniversitaire, il y avait le Front national de la jeunesse, mais c'est l'AF que j'ai rejointe. J'ai rejoint quelque chose qui était plus qu'un mouvement politique.

Au fond, qu'est-ce que ça signifie, pour vous, le royalisme d'Action française ?

Il y a un projet institutionnel, qui est récurrent dans toute l'histoire de l'Action française. Ce projet est institutionnel, parce que l'Action française dit : « Politique d'abord. » Nous sommes pour le rétablissement de la monarchie, selon ce que Maurras appelait le « quadrilatère » : une monarchie héréditaire, antiparlementaire, traditionnelle, et décentralisée. Nous sommes pour une monarchie qui assume la fonction politique de l'État. Le roi gouverne et s'entoure de ministres. Il n'est pas qu'une potiche. Mais la monarchie est aussi décentralisatrice. Nous pensons que l'autorité seule permet de décentraliser. C'est là-dessus que se base une partie de notre critique de la démocratie. Nous pensons qu'un régime fort est nécessaire à la décentralisation : un régime qui ne vive pas de l'opinion, qui ne soit pas le calque de l'élection populaire ; un régime qui soit arbitre entre les grands groupes sociaux, qui soit « hors jeu ».

Mais ne croyez-vous pas que tout État a besoin de contrôles ?

Justement, pour nous, les contrôles actuels sont assez factices. Je ne dis pas que nous sommes dans une société totalitaire. Nous pensons que les sociétés occidentales sont beaucoup plus protégées de toute dérive totalitaire par leur capital de civilisation que par la démocratie. Nous désirons renforcer l'État dans ses fonctions régaliennes, dans ses fonctions essentielles, tout en le dépouillant des fonctions qu'il a arrachées à la société civile, au pays réel : les fonctions économiques, sociales, éducatives. Tout ceci doit être décentralisé, et retiré des mains de l'État.

Pour être donné à qui ?

A la société organisée. Nous sommes pour une réorganisation mutualiste, communautaire, corporative, syndicaliste, de la société. Le « Politique d'abord » présuppose la suppression de la structuration idéologique de la société. Une réorganisation de la cité sur des bases beaucoup plus catégorielles, locales, professionnelles, corporatives, associatives et décentralisatrices. Je prends un exemple très concret : les conseils régionaux actuels sont typiquement pour nous une collectivité qui pourrait servir de base à la réorganisation de la société, et un véritable contre-pouvoir face à l'État. On leur donne aujourd'hui une fonction essentiellement fictive. Ils pourraient très bien avoir demain d'autres fonctions. Ils pourraient être le cadre d'une réorganisation de l'éducation nationale sur une base régionale. Ils pourraient assurer une meilleure interpénétration entre le monde du travail et celui de l'école. Nous voulons essayer de réorganiser le tissu social autour de telles entités.

Quand vous dites « Politique d'abord », vous signifiez par là que les lois du marché doivent se plier aux impératifs politiques. Êtes-vous anticapitalistes ?

Plus exactement, nous sommes antilibéraux. Le libéralisme économique sous-tend l'idée que l'intérêt général est l'addition des intérêts particuliers. Nous considérons que l'intérêt général est davantage que la somme des intérêts particuliers, qu'il transcende, qu'il subsume ces intérêts particuliers, qui demeurent mais ne forment pas l'intérêt général. La grille d'analyse du libéralisme est ce que nous rejetons en premier. Tout notre nationalisme est bâti avant tout sur le rejet du libéralisme. Maurras disait : « Je suis pour un socialisme aristocratique. » Si le socialisme est la défense du lien social, d'un homme relié, contre l'individualisme libéral, contre la liberté totale, nous sommes plutôt socialistes. Mais le socialisme sous-tend aujourd'hui beaucoup plus de choses. Le socialisme a un caractère étatiste très prononcé. Il incarne d'autre part une idéologie plutôt jacobine, issue de la Révolution française, et souvent anticléricale. Nous rejetons tout cet aspect du socialisme, qui à mon avis n'est pas consubstantiel à son idée originelle.

Avez-vous le sentiment que le royalisme que vous défendez a évolué depuis le début du siècle, depuis les textes de Maurras ?

Je crois que le royalisme actuel est poussé par une dynamique nouvelle. Celle d'une époque. D'une conjoncture. Il y a aujourd'hui un épuisement des idéologies, et surtout du « grand récit » marxiste. Notre constat, c'est qu'il y a une nouvelle génération de militants. Il y a une vague qui nous dépasse, une vague nationaliste, qui alimente bien sûr le Front national. Mais le Front national lui-même en est le produit. Cette vague provient du rejet du marxisme, de l'incapacité du libéralisme à représenter un projet alternatif à l'analyse marxiste, et de la remise en cause globale de notre système politique et économique actuel.

Concrètement, comment envisagez-vous votre venue au pouvoir ? Par une contre-révolution ? Par un coup d'État ?

Par un coup de force. Ça peut être un coup de force à la de Gaulle en 1958. Ça peut être un coup de force à la Talleyrand. Ça peut être un coup de force un peu plus musclé. Moi, je crois de moins en moins à l'optique « putsch militaire », à laquelle ont cru certains militants. Peut-être l'idée d'un coup militaire était-elle possible en 1925, mais aujourd'hui il ne faut pas espérer un quelconque acte de l'armée.

Dans l'hypothèse d'un coup de force, quelles mesures prendriez-vous ?

Là, il y a un débat. Ce n'est pas au militant royaliste de faire la politique à la place du Prince. C'est au Prince de faire sa politique. Nous, nous n'assumons pas le pouvoir. Nous le donnons.

Charles Champetier, démocrate athénien

Membre du Groupe de recherches et d'études sur la civilisation européenne (GRECE), Charles Champetier est salarié dans une maison d'édition. Marié, il est père de deux enfants.

Je suis né dans une famille qui était plutôt portée vers la droite. Mes parents étaient gaullistes, puis sont devenus chiraquiens, et ont fini au Front national. Ma mère est militante du Front national, et mon père sympathisant. Ma mère ne travaille pas. Mon père est ingénieur au Commissariat à l'énergie atomique. J'ai 22 ans. J'adhère au RPR à 14 ans, mais je me fais virer au bout de trois mois, parce que j'ai caricaturé mon chef de section. A 15 ans, j'adhère au Front national. Politiquement et doctrinalement, ça ne donne rien. J'abandonne donc le Front au bout de deux ans. Je le quitte pour ne plus militer, et passer mon temps à lire et à réfléchir. Je rejoins finalement le GRECE en 1988.

Étant membre du GRECE, avez-vous le sentiment que la Nouvelle Droite connaît aujourd'hui une évolution idéologique?
L'évolution idéologique du GRECE a déjà eu lieu. Elle accompagne l'histoire de notre courant de pensée. Les critiques du GRECE la montrent trop peu. On

s'aperçoit qu'alors que le GRECE a énormément évolué le discours sur le GRECE reste figé dans l'analyse du GRECE des origines, c'est-à-dire dans la biologie et dans les Indo-Européens. Ces deux discours, nous les avons dépassés. Le débat s'ouvre aujourd'hui sur d'autres voies : critique du libéralisme, critique de l'identité Occident-Europe, etc. On ne peut pas réduire notre discours à un élitisme biologique. Le discours antiégalitaire n'est plus au centre du débat. La philosophie de la différence est par exemple devenue un thème central. Décliné à l'origine de façon biologique, et de façon religieuse, il l'est maintenant sous des aspects culturels ou philosophiques. Sur le plan culturel, il se caractérise par le rejet de l'hégémonie occidentale. La critique de l'Occident a été le principal bouleversement idéologique. Il a été aussi le plus incompris. C'est là qu'a eu lieu le schisme du Club de l'Horloge : les libéraux du GRECE, qui soutenaient le discours antiégalitaire et hiérarchisant, mais qui ne pouvaient en accepter les ultimes conséquences, sont demeurés libéraux et ont fondé le Club de l'Horloge.

Vous développez actuellement une remise en question du nationalisme. Qu'entendez-vous par là ?
La critique du nationalisme peut se faire à plusieurs niveaux. Un premier niveau, d'ordre à la fois historique, géopolitique et culturel, concerne le rapport entre la spécificité nationale et l'identité européenne. Il y a là une hiérarchie identitaire qui impose un choix. Un clivage tend à s'instaurer entre les partisans de l'enfermement national et ceux de la construction européenne. Le GRECE a une caractéristique contenue dans son nom : il s'est toujours intéressé à l'idée de civilisation européenne. S'il faut faire un choix entre : « Sommes-nous nationaux ? » et « Sommes-nous européens ? », nous répondons : « Nous sommes avant tout européens. » C'est une première rupture avec l'idée classique du nationalisme. Au niveau de la critique idéologique, on s'aperçoit d'autre part que, dans l'histoire des idées, le

nationalisme apparaît conjointement au libéralisme et
au socialisme. Il emprunte les mêmes fondements idéologiques (fusion de l'individu dans une collectivité ration-
nellement déterminée), emporte les mêmes conséquences
(arasement des identités historiques, locales et régionales en deçà, «impériales» au-delà), exige enfin un même
rapport à l'autre : celui de la conversion ou de la négation. Notre critique du nationalisme rejoint donc une
critique plus large de la modernité philosophique (*Auf-
klärung* allemand) et de ses assises théoriques : individu,
raison, progrès, etc. Autant d'idées-forces, de référents,
dont on constate aujourd'hui la déroute. Cette critique
se mène tantôt à l'aune de l'école traditionnelle (Evola,
Guénon, Coomaraswany), tantôt à partir de l'élaboration postmoderne (Maffesoli, Tacussel, Lyotard, Por-
thoghesi, Feyerabend). Personnellement, je penche
plutôt pour la seconde critique, qui intègre à mon sens
la première.

*Sur quoi débouche alors votre critique du natio-
nalisme?*

Disons que l'État-nation est une forme détournée de
l'identité collective. Notre préférence va à des formes
plus fluides d'identité et de souveraineté : la royauté,
ou l'empire, sans nécessairement être royaliste et soutenir le comte de Paris ou Bourbon-Parme. Il y a une différence de fond entre l'empire et la nation. L'empire est
un principe fédérateur, ancré dans notre mémoire, qui
intègre un maximum de diversités dans une unité de civilisation. Je ne crois pas aux identités factices et bureau-
cratiques. Les peuples de l'Est ne s'identifieront jamais
à l'Europe de Bruxelles, parce que Bruxelles s'est érigé
sur la ruine des identités historiques, et autour d'un plus
petit commun dénominateur : le principe du profit, ou
du marché.

*L'Empire européen que vous évoquez s'appuie-t-il sur
une identité européenne commune, ou sur la reconnaissance de différences locales et régionales?*

Il résout cette contradiction : il génère une citoyenneté commune tout en maintenant des nationalités diverses. L'idée d'Empire européen se fonde sur ce que les Européens ont de commun. C'est une des raisons pour lesquelles nous nous intéressons aux Indo-Européens. Parce qu'il s'agit d'un référent culturel commun.

Lorsque le GRECE critique le racisme au nom du différencialisme, lorsqu'il critique le nationalisme au nom de l'empire, ne joue-t-il pas sur les mots ? Votre démarche n'est-elle pas essentiellement dialectique ?

Je ne suis pas un nationaliste raciste qui dirait : « Je vais me dire ethno-différencialiste et pour l'empire, parce que cela permettra de faire passer mes idées. » Le racisme, nous l'avons condamné. Nous le condamnons au nom de la philosophie de la différence. Il y a deux types de racisme : le racisme « classique » qui affirme qu'une race est supérieure, qu'elle doit dominer toutes les autres, et le racisme d'assimilation, qui prône la disparition de toutes les races dans une uniformité planétaire. Cela aboutit de fait au même résultat : toutes les races disparaissent. Nous refusons l'un comme l'autre.

Là, vous êtes en pleine dialectique. Vous êtes en train de traiter de racistes ceux qui se définissent justement comme antiracistes.

Je traite de raciste le raciste et l'antiraciste, parce qu'ils partent de la même obsession perverse du fait racial et de l'idée qu'il existe une échelle commune pour évoquer la supériorité ou l'égalité des races. Postuler l'existence d'une telle échelle, de telles normes, c'est irrémédiablement sombrer dans la négation de l'autre. On peut essayer de démonter mon attitude, mais on ne peut pas dire que c'est du racisme camouflé. C'est aussi une des raisons pour lesquelles nous critiquons le Front national. Si on prend l'exemple de l'immigration, nous critiquons une tendance latente au Front national, qui est d'exacerber la haine anti-immigrés, alors que la question de l'immigration permettrait au contraire de déconstruire le système qui a permis cette immigration. Elle permettrait une critique du libéralisme qui a fait venir les immigrés ; une critique de l'homme réduit à l'état de marchandise, etc.

Vous considérez-vous comme un démocrate ?

Je dirais même : comme le dernier des démocrates. Je n'ai guère de mérite, puisqu'en démocratie tout le monde se dit démocrate. Adolf Hitler disait : « J'incarne la vraie démocratie. » Quant aux communistes, ils parlent de « démocratie populaire ». Je suis le dernier démocrate dans la mesure où je fonde ma vision du monde sur la notion de « peuple ». Donc, le « pouvoir du peuple » ne peut que m'être sympathique. La démocratie est en effet un terme qui est apparu en Grèce à l'époque athénienne, et qui signifiait : le pouvoir par le peuple et pour le peuple. L'idée de citoyenneté, en Grèce, découlait elle-même d'une identité, c'est-à-dire de l'appartenance à une phratrie, à une cité grecque. Ce message de la démocratie grecque est tout à fait différent de celui de la démocratie libérale. La démocratie qui est née au XVIIIᵉ siècle est un retournement de terme. C'est même un modèle du genre. Le régime que le libéralisme a qualifié de démocratique ne l'était pas. (Symptomatiquement, la Révolution française se référait plus facilement à Sparte qu'à Athènes.) Je suis donc démocrate dans la mesure où je crois qu'il est nécessaire pour n'importe quel pouvoir d'avoir la reconnaissance du peuple. Celle-ci peut s'exprimer par des élections, mais pas seulement : plébiscites, référendums, représentations professionnelles, et tout système de démocratie directe, sont aussi des modes de représentation de la volonté du peuple.

Donc, pour vous, la démocratie française contemporaine est une démocratie pervertie.

Oui. Elle est d'abord pervertie par une absence de réel débat démocratique, par un consensus latent (posé comme un idéal et non comme un possible) qui règne sur le plan des idées politiques, où les deux idéologies qui s'affrontent partent des mêmes présupposés. Elle est ensuite pervertie par les mécanismes institutionnels de représentation, qui constituent de facto une confiscation de la voix populaire par le représentant. Elle est enfin galvaudée par le rôle prépondérant de l'argent — dans le jeu médiatique — comme outil indispensable de présentation d'une idée ou d'un programme.

En guise de conclusion :
vers une contre-culture brune ?

Peu après Mai 68 fleurit çà et là une expression « made in USA » qui va connaître une véritable fortune : la « contre-culture ». La formule semble pourtant un rien bizarre. Que peut-elle bien signifier ? Le refus du savoir ? Le triomphe de l'illettrisme ?

Bien au contraire. La contre-culture se définit de façon polémique comme une culture de révolte, une culture alternative à l'idéologie dominante. L'existence même de la contre-culture implique la disparition du consensus, la dissidence, la contestation.

L'idée est évidemment bien naïve. Comment un savoir pourrait-il échapper à l'épistémê ? Nombreux sont pourtant ceux qui se reconnaissent dans cette nouvelle « culture jeune », populaire et souterraine, qui crée ses propres structures, parallèlement à la société « bourgeoise ».

La contre-culture est une réponse à la culture dominante. C'est aussi concrètement un véritable réseau d'initiatives : on assiste, de 1970 à 1976, au développement massif de la « nouvelle presse », ou « presse underground » : une véritable floraison de petits journaux locaux et artisanaux, qui propagent un message généreux, communautaire et post-soixante-huitard. Ils sont relayés par tout un réseau de librairies parallèles, d'agences de presse alternatives et de groupes rock radicaux.

Une caricature droitière ?

Il est sans doute paradoxal d'évoquer, même brièvement, un mouvement ancré à gauche dans un travail consacré à l'extrême droite.

Mais il se passe justement du côté droit un phénomène troublant, qui rappelle, en la caricaturant, la vague des années 70. Et si le néo-fascisme français était en retard d'un Mai 68 ? La fascination est évidente. Toute la démarche dialectico-théorique du nationalisme se fonde largement sur une « critique positive » du grand soubresaut de mai et de ses durables conséquences. C'est pourquoi il ne faut pas s'étonner de voir aujourd'hui les droitistes singer à leur manière la contre-culture d'il y a vingt ans.

Les faits parlent d'eux-mêmes : on recense près de vingt maisons d'édition, qui ignorent superbement les réseaux traditionnels de la librairie. Diffusion de la pensée française, qui se charge de disséminer nombre de livres « souterrains » de la culture brune, revendique pour la « très bonne » année 1989 (marquée par le bicentenaire de la Révolution) un chiffre d'affaires supérieur à dix millions de francs ! Ce qui signifie que l'organisme nationaliste a vendu en moyenne sept cents livres par jour. Un record, sans nul doute...

Mais qui connaît les éditeurs d'extrême droite ? Qui a déjà acheté un livre de la Libre Parole, d'Avalon, de Pardès, des Éditions de Chiré, d'Albatros, d'Ars, du Soleil et de l'Acier, de Dominique Martin Morin, du Trident, du Labyrinthe, de Sainte-Jeanne-d'Arc, des Cinq Léopards, de la Place Royale ou des Éditions Polémiques ?

On trouve actuellement dans les kiosques onze périodiques diffusés par les NMPP : *Présent, National-Hebdo, Minute-la France, Rivarol, Aspects de la France, Monde et Vie, le Choc du mois, Nationalisme et République, Révolution européenne, Éléments* et *Écrits de*

Paris. Sur un plan doctrinal, on ne décompte pas moins de seize revues théoriques : *Identité*, *Nouvelle École*, *Réaction*, *Krisis*, *Troisième Voie*, la *Revue d'histoire du nationalisme révolutionnaire*, *Sol invictus*, l'*Âge d'or*, la *Revue d'histoire révisionniste*, *Fidelis*, *Vu de haut*, *Itinéraires*, le *Druidisme*, *Lectures françaises*, ou encore *Lecture et Tradition*. Si nous ajoutons à cette liste l'ensemble des petits journaux et bulletins disponibles dans les librairies « spécialisées », nous atteignons le chiffre total approximatif de cent cinquante titres.

La culture brune est d'ores et déjà un archipel en formation. Là est le plus grand des dangers. Car son but avoué est clairement d'imprégner le champ culturel.

Les causes de la dissémination

Il ne s'agit évidemment pas ici de tirer gratuitement on ne sait quelle sonnette d'alarme. Le virus est à l'œuvre, mais il n'a point triomphé. Les mouvements nationalistes sont loin d'avoir dans le « pays réel » l'audience que l'esprit de 68 a pu trouver auprès des jeunes générations d'antan. Mais faut-il pour autant ignorer le phénomène ? Nous assistons actuellement à l'éclosion souterraine, désordonnée et inachevée d'une contre-culture brune.

Nous avons vu au fil de ces pages que l'extrême droite connaissait depuis les années 60 une évolution certaine. Sur le plan du discours, de la dialectique, l'avancée est incontestable. Elle se traduit entre autres par la récupération systématique de certains mots clefs du gauchisme. Sur le plan des idées, les changements sont toutefois beaucoup plus superficiels. Le fond n'a pas réellement bougé. Il s'est sans doute affiné, mais sans modification en profondeur. Dans la plupart des cas, on s'est contenté de mettre à jour des thèmes traditionnels, mais occultés. La notion d'Empire, par exemple, était déjà présente chez Julius Evola ou Francis Parker Yockey[17]. Quant à la critique de l'influence américaine, elle est perceptible dans les textes d'Action française du début du siècle, ou dans les brochures du Faisceau de Georges Valois [18].

L'imprégnation actuelle devrait donc essentiellement s'expliquer par la dialectique. Mais n'est-ce pas un peu court ? La dialectique peut-elle vraiment « casser des briques », comme l'affirmaient certains situationnistes juste après Mai 68 ? Voire... Que l'on se définisse comme fasciste ou comme démocrate-différencialiste favorable à l'Empire ne change rien au fond. Les circonvolutions d'un discours ne sauraient en dernière instance tout expliquer...

A la recherche de l'utopie

La clef de la démarche droitiste est donc ailleurs. Retournons brièvement dans les années 70. La contre-culture de gauche connaît son apogée aux alentours de 1972. Mais à partir de 1974-1975, la décomposition est à l'œuvre. Tandis que le marxisme s'écroule, les idées généreuses des printemps étudiants font place à l'impitoyable loi du marché. Bernard Tapie remplace Daniel Cohn-Bendit au firmament des combattants. Quant à la contre-culture, elle se dilue dans l'idéologie consensuelle, se banalise, se modère, se modernise et s'auto-récupère.

Le phénomène est double. Tandis que l'esprit de 68 s'intègre progressivement à la culture dominante, la gauche connaît avec l'effondrement du communisme une crise idéologique sans précédent. Sur le plan des idées, cette crise est encore accentuée par la venue au pouvoir de François Mitterrand en 1981.

L'utopie a-t-elle déserté la gauche ? C'est justement ce que pensent les stratèges de l'extrême droite. Leur tentative d'établir une « autre » culture s'enracine sur la certitude que la gauche est terrassée par sa « mythologie incapacitante », selon le mot d'un militant royaliste. Qu'elle est maintenant vouée au pragmatisme de la gestion. L'ultradroite pense occuper en solitaire le créneau de la dissidence. Elle s'estime seule capable de combattre radicalement le système. Elle se pose dans l'altérité révolutionnaire.

Parallèlement à la relative montée en puissance du lepénisme, l'imprégnation lente et progressive du champ culturel est devenue un des aspects majeurs de la stratégie métapolitique de l'extrême droite. Il serait absurde de nier la vérité. L'advenue d'une contre-culture brune est à moyen terme tout à fait envisageable. Une dernière question, décisive et délicate, doit donc être posée. Comment envisager une réponse?

En se plaçant sur le terrain même de l'extrême droite. Pourquoi la « métapolitique » serait-elle l'apanage d'un clan? Il devient urgent de réveiller les utopies. La réponse doit être culturelle. L'antifascisme rationnel et didactique ne suffit plus. Ce qui fait la force du discours nationaliste et identitaire, c'est qu'il est quasiment seul.

Ce n'est pas normal, la France a besoin d'utopies généreuses, tolérantes, créatives et ouvertes. Rien ne serait plus dangereux à terme qu'un système entièrement dominé par un socialisme libéral et une droite centriste. Il faut à tout prix éviter que les émules de l'extrême droite ne deviennent un jour les uniques rebelles au modèle occidental. Une démocratie vivante a besoin de toutes sortes de contestataires. Les démocrates ont donc une tâche bien difficile. Ils doivent réinventer l'avenir : la « contre-utopie », en quelque sorte.

Sinon, prenons garde que la contre-culture brune ne devienne progressivement Évangile et tables de la Loi.

Ne nous laissons pas anesthésier.

ANNEXES

ANNEXES

I

LISTE DES MEMBRES DU COMITÉ DE PATRONAGE DE LA REVUE *NOUVELLE ÉCOLE*

• † **Raymond ABELLIO** : Écrivain, ancien élève de Polytechnique, ancien directeur général de la SOTEM • **Giano ACCAME** : Écrivain, rédacteur au quotidien économique *Il Florino*, directeur de l'hebdomadaire *Nuova Repubblica* (Rome) • **Giovanni ALLEGRA** : Professeur de langue et littérature espagnoles à la faculté des lettres de l'université de Pérouse • † **Franz ALTHEIM** : Docteur en philosophie, docteur en droit, ancien professeur d'histoire ancienne aux universités de Francfort, de Halle/S. et de Berlin, membre correspondant de l'Institut allemand d'archéologie (Münster) • † **Robert ARDREY** : Écrivain, dramaturge, diplômé de l'université de Chicago (anthropologie), *fellow* de la Royal Society of Literature • **Bernard ASSO** : Docteur en droit, maître-assistant à la faculté de droit de Nice • **Amable AUDIN** : Archéologue, conservateur du Musée de la civilisation gallo-romaine de Lyon, directeur des chantiers archéologiques et des fouilles municipales de Lyon, président de la commission des sites de la préfecture du Rhône • **John R. BAKER** : Docteur ès sciences, F.R.S., ancien directeur adjoint du département de zoologie de l'université d'Oxford • **Sigfrido BARTOLINI** : Écrivain, artiste-peintre et graveur • † **Paul BASTID** : Membre de l'Institut, agrégé de philosophie, agrégé de droit public, docteur ès lettres, ancien membre du Conseil national de la Résistance, ancien ministre • **Pierre BERCOT** : Industriel, docteur en droit, diplômé de l'École nationale des sciences orientales vivantes, président d'honneur de Citroën S.A. • † **Robert BLANCHE** : Ancien élève de l'École normale supérieure, agrégé de philosophie, docteur ès lettres, professeur honoraire à la faculté des lettres de Toulouse, membre correspondant de l'Institut • **Marc BLANCPAIN** : Homme de lettres, président de l'Alliance française, commissaire général du Festival international du livre, membre du Conseil supérieur des lettres • **Jacques BOMPAIRE** : Agrégé de lettres, docteur ès lettres, ancien attaché au CNRS, ancien recteur des académies de Nantes et de Nancy, ancien vice-recteur de l'académie de Paris, professeur de langue et littérature grecques à Paris IV (Sorbonne) • **Maurice BOUDOT** : Professeur de logique et de philosophie des sciences à l'université de Bordeaux III • † **Nicolas BOURGEOIS** : Docteur en droit, agrégé de l'Université, ancien élève de l'École normale supérieure, ancien bâtonnier de l'Ordre des avocats, membre de l'Académie d'histoire, président d'honneur du Cercle Michel de Swaen (Dunkerque) • **G.H. BOUSQUET** : Ancien professeur à la faculté de droit d'Alger, professeur honoraire à la faculté de droit de Bordeaux • **André BRISSAUD** : Licencié ès lettres, licencié en philosophie, historien • **Piero BUSCAROLI** : Universitaire, journaliste, professeur d'histoire de la musique au conservatoire de Bologne • † **Mario CAPPIERI** : Professeur d'anthropologie (Rome), directeur associé de la revue *The Mankind Quarterly* • **Javier CARABIAS del ARCO** : Professeur de biologie à l'université de Madrid • **J.C.D. CAROTHERS** : Psychiatre, M.B., B.S., D.P.M., F.R.C., ancien directeur de l'Institut de psychiatrie d'Afrique orientale, ancien consultant d'ethnopsychiatrie au St. James' Hospital de Portsmouth • † **Rehder H. CARSTEN** : Maître de conférences, directeur de la chaire de germanistique (frison, bas-allemand, antiquité germanique) de l'université de Hambourg • **Raymond B. CATTELL** : Docteur en philosophie, docteur ès sciences, ancien professeur de psychologie à l'université de l'Illinois (Laboratory of Personality and Group Analysis), directeur de l'Institute for Research on Morality and Self Realization du Colorado, fondateur de la Society of Multivariate Experimental Psychology, prix Wenner Green de l'Académie des sciences de New York • **Jean CAU** : Licencié en philosophie, journaliste, écrivain, prix Goncourt 1961 • **Brunetto CHIARELLI** : Anthropologue, professeur à l'université de Florence, directeur de l'Institut d'anthropologie de Florence • **J. Desmond CLARK** : Anthropologue, docteur ès sciences, C.B.E., F.B.A., ancien directeur du Musée Rhodes-Livingstone et des Antiquités de Zambie, professeur d'anthropologie à l'université de Berkeley • **Claude COLETTE** : Docteur en médecine, licencié ès sciences, professeur agrégé de clinique gynécologique et obstétricale à la faculté de médecine de Besançon, directeur de l'école de sages-femmes de Besançon, conseiller régional d'obstétrique de Franche-Comté, vice-président du Syndicat national des gynécologues-accoucheurs, délégué à l'Union professionnelle internationale des gynécologues-accoucheurs • **Björn COLLINDER** : Ancien professeur aux universités de Los Angeles (E.U.) et Canberra (Australie), professeur honoraire (Suède), professeur de littérature norroise à l'université de Vienne • † **Carleton S. COON** : Anthropologue, ancien professeur d'anthropologie aux universités de Harvard et de Pennsylvanie, ancien président de l'Association américaine d'anthropologie physique, membre de l'Académie nationale des sciences, de l'Association américaine d'anthropologie et de l'Association de la Libération française du 8 novembre • † **Cyril D. DARLINGTON** : Docteur ès sciences, F.R.S., généticien, ancien professeur à l'université d'Oxford, ancien conservateur du Jardin botanique d'Oxford, cofondateur de la revue *Heredity* • † **A. DAUPHIN-MEUNIER** • Docteur en droit, docteur ès sciences économiques, diplômé de l'École des sciences politiques et de l'École des hautes études sociales, doyen de la Faculté autonome d'économie et de droit (FACO), vice-président de la Société française de géographie économique, membre de l'Académie d'agriculture de France • **Jean DAYRE** : Économiste, licencié en droit, diplômé de l'École supérieure d'électricité, ingénieur en chef honoraire du Génie rural, ancien chargé de mission au ministère de l'Économie nationale • **Pierre DEBRAY-RITZEN** : Professeur à la faculté de médecine de Paris, pédopsychiatre, chef du service neuropsychologique à l'hôpital Necker-Enfants malades • **Léon DELPECH** : Professeur de philosophie et de psychologie à la Sorbonne, président de la Société française de cybernétique • † **Philippe DEVAUX** : Docteur en philosophie, docteur ès lettres, ancien chargé de recherches à l'université de Harvard, épistémologue, professeur agrégé de philosophie aux universités de Bruxelles et de Liège, cofondateur du Centre national de recherches de logiques et de la Société belge de logique et de philosophie des sciences, membre de l'Institut international de philosophie • **Frédéric DURAND** : Professeur à la faculté des lettres de Caen, directeur du centre de recherches sur les pays du Nord, directeur de l'Institut scandinave de l'université de Caen • † **Mircea ELIADE** : Professeur d'histoire des religions à l'université de Chicago, ancien professeur à l'École des hautes études (Sorbonne), directeur de la revue *History of Religions* • **Hans J. EYSENCK** : Docteur en philosophie, docteur ès sciences, professeur de psychologie à l'université de Londres, directeur du département de psychologie à l'Institut anglais de psychiatrie (Maudsley & Bethlem Royal Hospitals) • **V.A.**

FASANO : Professeur de médecine, directeur de l'Institut de neurochirurgie de l'université de Turin • **Jacques FIERAIN** : Docteur ès lettres, agrégé de l'Université, professeur à l'université de Nantes • **Julien FREUND** : Politologue, docteur ès lettres, agrégé de philosophie, ancien professeur de sociologie à l'université de Strasbourg, directeur de l'Institut de sociologie et de l'Institut de polémologie de Strasbourg • **Enrico FULCHIGNONI** : Professeur à la Sorbonne (sciences de l'information), ancien chef de la section de création artistique et littéraire de l'Unesco • † **Henry E. GARRETT** : Docteur en philosophie, docteur ès sciences, professeur honoraire et ancien président du département de psychologie de l'université Columbia, ancien président de l'American Psychological Association, de l'Eastern Psychological Association et de la Psychometric Society, ancien membre du National Research Council, ancien directeur des *American Psychological Series*, membre du conseil de direction de *Psychometrika* • **Paul GALLIEZ** : Géographe, licencié en sciences politiques et en sciences du développement, docteur en sciences diplomatiques, professeur à l'université nationale du Sud argentin, directeur des Instituts patagoniques de Buenos Aires et de Bahia Blanca, membre du conseil académique de la Humboldt-Gesellschaft, membre de la Société des américanistes (Paris), de la Society for the History of Cartography (Londres) et de la Société royale de géographie des Pays-Bas • **Roland GAUCHER** : Historien, journaliste • † **Pierre GAXOTTE** : Écrivain, membre de l'Académie française, agrégé d'histoire et de géographie, éditorialiste au *Figaro*, conservateur du Musée Condé à Chantilly • **R. GAYRE of GAYRE and NIGG** : M.A., docteur en philosophie, docteur ès sciences politiques, docteur ès sciences, ancien professeur d'anthropologie et directeur du département supérieur d'anthropogéographie de l'université de Saugor (Inde), ancien directeur du *Mankind Quarterly* (Edinburgh) • † **H. Ch. GEFFROY** : Fondateur de *La Vie claire*, directeur des Éditions de la Vie Claire • † **Wesley C. GEORGE** : Biologiste, docteur en philosophie, professeur honoraire d'histologie et d'embryologie, ancien directeur du département d'anatomie de l'École de médecine de l'université de Chapel Hill (Caroline du Nord), membre de l'American Association of Anatomists, Zoologists and Human Genetics • **Enrique S. GILARDI NOVARO** : Avocat, ancien président de la Banque nationale d'Argentine, ancien sous-secrétaire d'État à la Défense nationale de la République Argentine, ancien sous-secrétaire à l'Intérieur, membre du conseil de direction de la Fondation des recherches pour le développement (FIDE) • **Marija GIM-**

vice-président de l'American Educational Research Association, *fellow* de l'American Psychological Association, de l'Eugenics Society et de l'AAAS, membre de l'American Society of Human Genetics, de la Society for Social Biology, de la Behavior Genetics Association et de la Psychometrie Society • **William M. JOHNSTON** : Docteur en philosophie, professeur d'histoire des idées à l'université du Massachusetts (Amherst) • **Hans-Erich KELLER** : Docteur ès lettres (Bâle), ancien rédacteur au *Französisches etymologisches Wörterbuch* de von Wartburg, professeur de linguistique et de littérature romanes à l'université de Columbus (Ohio) • † **Arthur KOESTLER** : Écrivain, C.B.E., C. Lit., F.R.S.L., docteur honoris causa des universités de Queen's (Canada) et de Leeds • **Tarmo KUNNAS** : Écrivain, docteur ès lettres, professeur à l'Institut de littérature comparée de l'université de Helsinki • **Robert E. KUTTNER** : Biochimiste, docteur en philosophie, ancien professeur à l'université de Hattiesburg, membre de la British Eugenics Society (Palo Alto) • **Raymond JESTIN** : Directeur d'études à l'École pratique des hautes études, (IVe section, sciences historiques et philologiques : sumérien) • **Roger LATHUILLÈRE** : Docteur ès lettres, agrégé de l'Université, professeur d'histoire de la langue française, directeur adjoint de l'UER de langue française à la Sorbonne • **Hervé LAVENIR** : Économiste, licencié ès lettres, diplômé de l'École des sciences politiques, ancien élève de l'ENA, ancien chargé de mission auprès du Premier ministre, président du Centre d'études et d'action européennes, du Comité pour le français langue européenne et de l'Association pour l'étude des problèmes de la francophonie • **Marcel LE GLAY** : Diplômé des Hautes études, ancien élève de l'École de Rome, ancien directeur des Antiquités de la région Rhône-Alpes, codirecteur de *l'Année épigraphique*, professeur titulaire de la chaire d'histoire romaine à Paris X (Nanterre) • **Robert LEHR** : Docteur ès sciences, ancien président de Mensa-France, *development officer* à la Mensa internationale • **C. Scott LITTLETON** : Docteur en philosophie, professeur d'anthropologie, président du département de sociologie et d'anthropologie de l'Occidental College de Los Angeles • **Bengt LÖFSTEDT** : Professeur de latin médiéval à l'université de Californie (Los Angeles), *docent* de latin médiéval à l'université d'Uppsala • † **F.J. LOS** : Ethnologue, historien, docteur en philosophie, docteur en géographie sociale, professeur de géographie (Pays-Bas) • **Bertil J. LUNDMAN** : Anthropologue, docteur en philosophie, licencié en théologie, licencié en géographie, licencié en botanique, maître de conférences honoraire à l'université d'Uppsala (chaire d'anthropologie physique), membre correspondant de la Société italienne d'anthropologie et d'ethnographie • **Stéphane LUPASCO** : Docteur ès lettres, ancien chargé de recherches au CNRS, épistémologue • **Jean MABIRE** : Écrivain, journaliste, ancien directeur de la revue *Viking* • **Jacques de MAHIEU** : Docteur ès sciences politiques, docteur ès sciences économiques, licencié de philosophie, docteur en médecine honoris causa, ancien recteur de l'Université argentine des sciences sociales, ancien doyen de la faculté des sciences politiques, directeur de l'Institut de science de l'homme (Buenos Aires) • **Pierre MAGNIN** : Universitaire, docteur en médecine, licencié ès sciences, agrégé de médecine (pharmacologie), ancien directeur du laboratoire de recherche de l'Institut d'anesthésiologie de la faculté de médecine de Paris, ancien recteur des académies de Clermont-Ferrand, de Besançon et de Strasbourg, membre du Conseil économique et social, président de la commission médicale du Comité national olympique et sportif français, ancien directeur du conseil scientifique de l'Institut national de recherche pédagogique (INRP) • **Angelo MAJORANA** : Professeur de psychologie aux facultés des sciences politiques et de philosophie de l'université de Rome, membre du comité scientifique de la Société de psychologie médicale de langue française • **Marc MARCEAU** : Journaliste, ancien directeur de la revue *Europe Sud-Est*, correspondant du *Monde* à Athènes • **Jean R. MARÉCHAL** : Ingénieur civil des Mines, ancien professeur à l'École industrielle supérieure de Liège (métallurgie), chargé de recherches au CNRS, président-fondateur du Groupe de liaison et d'information archéologiques et préhistoriques de Normandie, membre de l'Académie des sciences, arts et belles-lettres de Caen • † **Thierry MAULNIER** : Écrivain, journaliste, auteur dramatique, membre de l'Académie française, ancien élève de l'École normale supérieure, prix de la Critique 1935, grand prix de littérature de l'Académie française 1959, grand prix André-Arnoux 1973, président de l'Association France/États-Unis • **Ernst MAYR** : Biologiste, spécialiste des problèmes de l'évolution, ancien professeur de zoologie à l'université de Harvard, ancien directeur du Musée de zoologie comparée de Harvard, ancien directeur de la revue *Evolution* • **Manfred MAYRHOFER** : Philologue, docteur en philosophie, professeur de linguistique générale et indo-européenne à l'université de Vienne, membre de l'Académie autrichienne des sciences, du Veda Research Institute de Hoshiarpur (Inde) et de la Société finno-ougrienne de Helsinki • **Frank C.J. McGURK** : Docteur en philosophie, professeur émérite de psychologie à l'université de Montevallo, ancien directeur de l'Institut américain de climatologie médicale, membre de la Research Society of America (Sigma Xi), membre de l'American Psychological Association • **Paul de MERITENS** : Journaliste, directeur du *Courrier de Paul-Dehème* • **Armin MOHLER** : Écrivain, journaliste, ancien correspondant à Paris de *Die Tat* (Zurich) et de *Die Zeit* (Hambourg), chroniqueur à *Die Welt*, chargé de cours à l'université d'Innsbruck, directeur gérant de la fondation Carl Friedrich von Siemens, prix Adenauer 1967 (Munich) • † **Henri de MONFREID** : Navigateur, explorateur, homme de lettres • **Carlo MONGARDINI** : Professeur de sociologie à la faculté des sciences politiques de l'université de Rome • **Jules MONNEROT** : Écrivain, sociologue, docteur ès lettres, cofondateur du Collège de sociologie et de la revue *Critique*, grand prix de l'essai de l'Académie française 1975 • † **Pierre MONTANE de LA ROQUE** : Professeur à la faculté de droit de Toulouse, membre du conseil de l'université, vice-président du Stade toulousain • **Danielle MOUCHOT** : Conservateur du Musée archéologique de Cimiez, conservateur du Trophée de la Turbie • **Michel MOURLET** : Écrivain, journaliste, ancien rédacteur en chef de *Présence du cinéma*, fondateur du journal *Matulu* • † **Roger MUCCHIELLI** : Docteur en médecine, neuro-psychiatre, docteur ès lettres, agrégé de philosophie, ancien chargé de recherches au CNRS, professeur honoraire de psychologie à l'université de Nice, président de l'Institut international de synthèses psychothérapiques, vice-président de l'Association internationale de caractérologie • **Rodney NEEDHAM** : Docteur ès lettres, docteur en philosophie, professeur à l'Institut d'anthropologie sociale de l'université d'Oxford • **R. Travis OSBORNE** : Docteur en psychologie, professeur émérite de psychologie, ancien directeur du Centre d'orientation de l'université d'Athens (Géorgie), *fellow* de l'American Psychological Association • **Albert OTTALAGANO** : Docteur en droit, ancien recteur de l'université de Buenos Aires • **François PAPILLARD** : Docteur en droit, docteur ès lettres, conservateur de la Maison Michelet • **Louis PAUWELS** : Écrivain, journaliste, directeur général du *Figaro-Magazine*, directeur des services culturels du *Figaro*, ancien rédacteur en chef de *Combat*, fondateur de *Planète* et de *Question de*, directeur du Club des amis du livre, prix Chateaubriand 1978 • **Philippe PÉRIER** : Ancien ambassadeur et ministre plénipotentiaire, président de la Société d'économie et de sciences sociales, directeur des *Études sociales*, conseiller de l'Institut international de sociologie • **Franz PETRI** : Historien, docteur en philosophie, ancien directeur de l'Institut d'histoire régionale de Rhénanie (université de Bonn), ancien professeur à l'université de Münster • † **Jean O. PIRON** : Professeur de biologie, ancien directeur de *la Pensée et les hommes* (Bruxelles) • **Edgar C. POLOME** : Professeur d'histoire des religions, acting chairman du département de germanistique de l'université d'Austin (Texas), co-éditeur du *Journal of Indo-European Studies* • **Stephan T. POSSONY** : Ancien professeur de politique internationale à l'université Georgetown de Washington, *senior fellow* de l'Institution Hoover sur la guerre, les révolutions et la paix (université Stanford), directeur des affaires stratégiques au Conseil américain de sécurité • **A. Colin RENFREW** : Archéologue, docteur en philosophie, docteur ès sciences, professeur d'archéologie à l'université de Cambridge, *fellow* de la British Academy • **Bernhard RENSCH** : Professeur émérite de zoologie, docteur en philosophie, ancien directeur de l'Institut zoologique de l'université de Münster, vice-président (1961) de l'Union internationale des chercheurs en biologie, membre de l'Académie des sciences et des arts (Boston) et de la Société Linné (Londres), docteur honoris causa de l'université d'Uppsala • **David C. RIFE** : Généticien, docteur en philosophie, ancien conseiller scientifique de l'ambassade des États-Unis à New Delhi, ancien secrétaire de la Société américaine de génétique humaine, ancien président de l'Institut de génétique de l'université d'État de l'Ohio • † **Louis ROUGIER** : Agrégé de l'Université, docteur ès lettres, épistémologue, historien des religions, ancien président du Ier congrès international de philosophie scientifique (Sorbonne) et du Colloque Walter-Lippmann, professeur honoraire à la faculté des lettres de Caen • **Antonio RUINI** : Professeur de droit international à l'université de Modène • **Raymond RUYER** : Écrivain, philosophe, ancien élève de l'École normale supérieure, professeur à l'université de Nancy, membre correspondant de l'Institut • **Alfredo SACCHETTI** : Anthropologue, président de la Fondation Genus (Tucuman) • **Yves de SAINT-AGNÈS** : Écrivain, journaliste • **Carlos SALAS** : Docteur en biochimie, directeur des services culturels de l'université de Buenos Aires • † **Giuseppe SANTONASTASO** : Professeur titulaire de la chaire d'histoire des doctrines politiques de l'université de Naples • **Fritz SCHACHER-MAYER** : Historien, archéologue, sociologue, docteur en philosophie, ancien professeur d'histoire grecque aux universités d'Iéna, Heidelberg, Graz et Vienne, ancien directeur de l'Institut d'histoire ancienne à l'université de Vienne, docteur honoris causa de l'université d'Athènes, président de l'International Hugo-Wolf-Gesellschaft • **Robert SCHILLING** : Ancien élève de l'École normale supérieure et de l'École française de Rome, professeur de langue et de civilisation latines à l'université de Strasbourg, directeur d'études à l'École des hautes études (section sciences religieuses : religions de Rome), directeur de l'Institut de latin de Strasbourg • **Rüdiger SCHMITT** : Docteur en philosophie, professeur de philologie indo-européenne comparée et d'études indo-iraniennes à l'université de Sarrebrücken • **Ralph S. SCOTT** : Docteur en philosophie, professeur de psychologie de l'éducation à l'université de Northern Iowa (Cedar Falls), vice-président du German-American National Congress • † **Eliot SLATER** : Psychiatre, docteur en médecine, ancien directeur du service de génétique psychiatrique de l'Institut de psychiatrie de Londres (Maudsley Hospital), docteur en droit honoris causa de l'université de Dundee • **Udo M. STRUTYNSKI** : Ancien professeur au Centre d'études comparées de folklore et de mythologie (Los Angeles), ancien membre du comité de rédaction de *Comitatus* (UCLA), *associate editor* aux éditions de l'université de Californie • **Luigi TALLARICO** : Écrivain, critique d'art (Rome) • **Valentin THIÉBAUT** : Ancien secrétaire général de l'université de Buenos Aires, ancien directeur exécutif des éditions universitaires de Buenos Aires, ancien professeur à l'université argentine des sciences sociales, conseiller au Corps des avocats de l'État argentin (*Procuracion del Tesoro*) • **Piet TOMMISSEN** : Docteur ès sciences économiques, sociologue, professeur à la Sint-Aloysiushandelshogeschool (Bruxelles) • **Giuseppe TRICOLI** : Professeur d'histoire contemporaine à l'université de Palerme • **Karel VALOCH** : Archéologue, docteur en philosophie, docteur ès sciences, conservateur à l'Institut Anthropos du Musée morave de Brno (Tchécoslovaquie), coéditeur de la revue *Anthropologie*, membre de la Société archéologique de l'Académie des sciences de Tchécoslovaquie • **Steven G. VANDENBERG** : Psychologue, professeur de psychologie à l'université du Colorado (Boulder) • **Jean VARENNE** : Professeur de sanskrit et de civilisation de l'Inde à l'université de Lyon III • **Giulio VIGNONI** : Professeur de droit agraire à la faculté des sciences politiques de Gênes • **Louis-Claude VINCENT** : Ancien professeur à l'École d'anthropologie de Paris, membre de la Société des océanistes • **Jan de VYNCK** : Docteur en littérature, professeur de français à l'université de Port-Elizabeth • **Volkmar WEISS** : Docteur ès sciences, anthropologiste, généticien • **Leo WEISS-GERBER** : Docteur en philosophie, ancien professeur de celtique et de linguistique comparée aux universités de Rostock, de Marburg et de Bonn, membre de l'Institut de linguistique de Bonn, docteur honoris causa de l'université de Louvain, prix Konrad-Duden 1970 • **Gérard ZWANG** : Docteur en médecine, chirurgien, urologue, écrivain, président de la Société française de pathologie sexuelle, membre de la Société française de sexologie clinique, membre de l'Association française de chirurgie.

II

LISTE DES PRINCIPAUX MEMBRES
DU CONSEIL SCIENTIFIQUE DU FRONT NATIONAL

● **Michel Algrin** : avocat, docteur d'État en droit et sciences politiques ● **Philippe Bourcier de Carbon** : polytechnicien et démographe ● **Philippe Bret** : professeur des universités, neurochirurgien des hôpitaux de Lyon ● **Max Cabantous** : maître de conférences de lettres à l'université Paul-Valéry de Montpellier ● **Jean-Pierre Charles** : docteur ès sciences, maître de conférence à l'université des sciences et techniques du Languedoc ● **Yvon Claire** : maître de conférence de chimie à l'université d'Aix-Marseille ● **Bruno Gollnisch** : docteur en droit international, ancien doyen de la faculté des langues de Lyon, professeur de japonais à l'université Lyon-III ● **Pierre Gourinard** : docteur ès lettres, chargé d'enseignement à l'Institut d'études politiques d'Aix-en-Provence ● **Jean Haudry** : Professeur de linguistique à l'université de Lyon-III, directeur du Centre d'études indo-européennes ● **Jean Lamarque** : professeur à l'université de droit, d'économie et de sciences sociales de Paris ● **Jean-Claude Manifacier** : professeur à l'université des sciences et techniques du Languedoc ● **Pierre Milloz** : ancien élève de l'ENA, docteur en droit, écrivain, double lauréat de l'Institut ● **Claude Moreau** : polytechnicien, chef d'entreprise ● **Jean Picard** : chercheur en physique nucléaire, docteur d'État ès sciences ● **Olivier Pichon** : agrégé d'histoire, professeur d'économie en classes préparatoires HEC ● **Abel Poitrineau** : professeur d'histoire économique à l'université Blaise-Pascal de Clermont-Ferrand ● **Claude Polin** : professeur de philosophie politique à la Sorbonne, directeur du Centre de prospective sociale et politique ● **Pierre Richard** : ancien élève de l'ENA, conseiller honoraire à la Cour des comptes ● **Jacques Robichez** : professeur honoraire de littérature française à la Sorbonne • **Norbert Roby** : normalien, agrégé de l'université, docteur d'État ès sciences, ancien professeur de mathématiques à l'université de Montpellier • **Claude Rousseau** : maître de conférences de philosophie morale et politique à la Sorbonne • **Pierre Routhier** : normalien, ancien président de l'Union française des géologues, ancien directeur de recherches au CNRS • **Pierre Tixier** : docteur ès sciences, ancien professeur à l'université de Paris-XII • **Jean Varenne** : docteur ès lettres, professeur émérite de civilisation indienne et d'histoire des religions à Lyon-III • **Pierre Vial** : maître de conférence d'histoire à Lyon-III • **Jean de Viguerie** : professeur d'histoire à l'université de Lille • **Jacquelines Ysquierdo** : docteur ès lettres.

III

PANORAMA DES MOUVEMENTS D'EXTRÊME DROITE EN FRANCE

Frontistes

Parti excessivement structuré et organisé, le Front national revendique 75 000 adhérents. Ils sont répartis dans de multiples structures spécifiques : Cercle national des combattants (anciens combattants), Cercle national des femmes d'Europe, Cercle des Français à l'étranger, Cercle national des Français juifs, Entreprise moderne et Libertés (action dans les entreprises), Front antichômage, Front national de la jeunesse, Renouveau étudiant, Fraternité française (aide aux Français déshérités), Cercle national des rapatriés, Cercle national pour la défense de la vie, de la nature et de l'animal, Mouvement de la jeunesse d'Europe (complément européiste du FNJ), Alliance générale contre le racisme et pour l'identité française et chrétienne, Comité de défense des libertés, Ligue contre le crime et pour la peine de mort, ou encore Cercle national des officiers et sous-officiers de réserve. Cette liste imposante ne donne qu'un reflet partiel de l'étendue du phénomène lepéniste, tant est grand son appétit de couvrir tous les secteurs du « pays réel ».

Néo-droitistes

Le Groupe de recherches et d'études sur la civilisation européenne (GRECE) publie les revues *Éléments* et *Nouvelle École*. Alain de Benoist dirige pour sa part la revue *Krisis*. Quant au Club de l'Horloge, outre une *Lettre* périodique, il édite les textes de ses différents colloques. Il a également créé une association qui dénonce le «racisme antifrançais» : SOS Identité. Dans la mouvance de la Nouvelle Droite, signalons la *Lettre de Magazine-Hebdo*, les revues belges *Orientations* et *Vouloir* (largement diffusées en France), ainsi que de petits groupes de réflexion, comme le Cercle Prométhée.

Non loin du néo-droitisme, le courant druidique étudie la spiritualité païenne mise au jour par le GRECE. Il édite notamment la revue *le Druidisme*.

Nationalistes révolutionnaires

Troisième Voie est le principal mouvement NR. Citons également Espace nouveau, qui semble très proche de la revue *Nationalisme et République*. Luxueux trimestriel, *Nationalisme et République* tente de constituer au sein du Front national une opposition révolutionnaire à Jean-Marie Le Pen. D'autres petits groupes se réclament du même courant, notamment Lutte des Peuples, ou l'Œuvre Bruitiste. Au total, la mouvance NR ne doit pas rassembler plus d'un millier de personnes.

Nationaux-communistes

Extrêmement minoritaires en France, les nationaux-communistes agissent en général au sein des mouvements nationalistes révolutionnaires, principalement Troisième Voie. Toutefois, il existe de petits Groupes nationalistes révolutionnaires autonomes. Les Partisans européens éditent avec leurs camarades belges des Groupes de base du Brabant un bulletin mensuel : *Partisan*. Quant au Parti communautaire national-européen, qui défend les thèses de Jean-François Thiriart, il est basé à Mons, en Belgique, mais se veut transnational.

Traditionalistes révolutionnaires

Le principal réseau de diffusion de la pensée de Julius Evola est constitué par les Éditions Pardès, qui traduisent une grande partie de l'œuvre du penseur italien, tout en éditant la revue *l'Âge d'or*. D'autres revues défendent les mêmes thèses : *Sol invictus*, ou *les*

Deux Étendards. Maison d'édition royaliste, la Place Royale est aussi très perméable au traditionalisme révolutionnaire.

Ce courant de pensée, qui influence une partie de l'extrême droite, du GRECE au nationalisme révolutionnaire, est aussi présent dans d'autres secteurs. Il est indéniable qu'un mouvement spiritualiste comme la Nouvelle Acropole subit l'influence d'Evola. Certaines obédiences maçonniques possèdent également des loges évoliennes : c'est notamment le cas de la Grande Loge nationale française.

Anarchistes de droite

Farouchement hostile à toute forme d'organisation, l'anarcho-droitisme est évidemment difficile à circonscrire. Venu de la sensibilité traditionaliste révolutionnaire, Jean-Claude Bessette édite *le Pâle-Ici*, qui se réclame d'un anarchisme très nietzschéen. Quant au principal représentant de ce courant, Michel-Georges Micberth, il se consacre à la diffusion de ses textes, via une petite maison d'édition, Res Universalis.

Nationalistes classiques

La galaxie nationaliste est littéralement truffée de micro-organisations. Les plus importantes sont l'Œuvre française, de Pierre Sidos, le Parti nationaliste français, de Patrice Chabaille et Pierre Pauty, et le Parti nationaliste français et européen, de Claude Cornilleau. Chacune de ces formations comporte sans doute moins de cent membres. Plus minoritaires encore sont le Parti des forces nouvelles, le Parti des forces nationalistes, le Parti blanc, le Mouvement français et le Parti français chrétien. Précisons que ces trois derniers groupuscules se réclament d'un nationalisme fortement teinté de traditionalisme catholique. Basée à Chiré-en-Montreuil, la Diffusion de la pensée française est le principal centre de propagation du nationalisme catholique. Elle s'adresse largement à la clientèle du Front national. Elle édite plusieurs revues : *Lectures françaises*, *Lecture et Tradition*, et les *Cahiers de Chiré*. Nettement plus ciblé, le Cercle franco-hispanique vise les nostalgiques de l'Espagne franquiste. Groupement essentiellement activiste, le Groupe Union-Défense occupe le terrain universitaire, en concurrence avec le Front national de la jeunesse.

Néo-nazis

Ce courant est principalement représenté par les Faisceaux nationalistes européens, de Marc Fredriksen, qui éditent la très confidentielle revue *Notre Europe combattante*. Un autre bulletin est édité à Nantes : *le Devenir européen*. On sait par ailleurs que la tribu rock des skinheads est largement imprégnée de néo-nazisme. Le principal réseau de diffusion de disques « skin », les Rebelles européens, vend par correspondance des tee-shirts à l'effigie d'Adolf Hitler ou frappés de la svastika. Plusieurs disques rock ont des pochettes ouvertement nazies. Il existe un certain nombre de bulletins clandestins, qui se réclament d'Hitler. Le plus diffusé est *le National-Socialiste*. Imprimé au Danemark, il est manifestement rédigé par des Français. Son numéro 2, en date du printemps 1990, comporte d'ailleurs une longue interview de Marc Fredriksen. Un Klu-Klux-Klan France a vu le jour en 1989, sans avoir encore reçu de patente « officielle » des Klans américains. Il serait lui aussi proche à la fois des Faisceaux nationalistes européens et de la mouvance skinhead.

Royalistes

Si nous nous en tenons aux courants royalistes classables à l'extrême droite, il nous faut diviser notre travail en trois zones.

A. *Les orléanistes*

Le principal groupe orléaniste est bien sûr l'Action française, qui existe légalement en France depuis 1947 sous le nom de Restauration nationale. Régénérée par une turbulente nouvelle génération, la vieille maison de Pierre Pujo semble avoir pris un coup de jeunesse. Elle maîtrise une très active Action française étudiante et une chahuteuse Action française lycéenne. Plus sérieux, l'Institut d'action française multiplie conférences et séminaires. Mis à part quelques groupes locaux indépendants et la Nouvelle Action royaliste (qui n'est plus situable à l'extrême droite), la Restauration nationale occupe l'essentiel du créneau orléaniste. Elle revendique 10 000 adhérents. Le chiffre réel est sans doute inférieur, bien que de nombreux royalistes se contentent souvent d'adhérer sans militer.

B. *Les légitimistes*

Ce courant se présente sous une forme à la fois éclatée et fédérale. L'Union des cercles légitimistes de France s'efforce de coor-

donner les multiples cercles locaux ou régionaux qui fleurissent çà
et là. Elle n'y parvient pas tout à fait. Moult cercles restent indépendants. Leur véritable trait d'union est la *Feuille d'information
légitimiste*, qui popularise notamment les activités et les idées de
la famille royale. Certains groupes sont plus structurés, et ont une
vocation nationale : c'est le cas du Mouvement chouan, ou encore
de la Garde blanche.

C. *Les autres*

Les autres sont ceux qui ne se reconnaissent ni dans le comte de
Paris (orléanistes) ni dans le jeune Louis XX (légitimistes). Influen-
cée par le traditionalisme, et plus particulièrement par René Guénon, la Place Royale défend principiellement la monarchie, et refuse
de nommer un « champion ».

Plus œcuménique, le Cercle d'Aguesseau tente de rassembler tous
les courants autour de l'idée royale. Pour l'instant, sa démarche
unitaire s'est soldée par un quasi-échec. Le Mouvement France et
Royauté pose un autre problème : il est très difficile de savoir ce
qu'il veut, car sa ligne sinueuse change souvent. Il semble toutefois qu'on puisse le classer dans un certain « légitimisme critique »,
favorable à Sixte-Henri de Bourbon-Parme.

Catholiques traditionalistes

Ils sont divisés en deux branches opposées : ceux qui se réclament de Mgr Lefebvre, et ceux qui restent fidèles à Jean-Paul II.

Les ecclésiastiques disciples du prélat intégriste sont regroupés
dans la Fraternité Saint-Pie-X, qui est présente dans vingt-huit pays.
Rien qu'en Europe, elle possède cinq cents lieux de prière. Elle
contrôle en France dix-huit écoles primaires, cinq collèges et lycées
et une université, l'Institut Saint-Pie-X. Publiant une presse abon-
dante (*Fideliter*, *l'Anti-89*, *Vu de haut*, etc.), elle rassemble lors
de ses pèlerinages entre 10 000 et 30 000 personnes. Sur un plan non
religieux, les laïcs proches des idées de feu Mgr Lefebvre sont généralement regroupés dans le mouvement Renaissance catholique,
ainsi que dans les Cercles de la Tradition. Quant aux jeunes, ils
adhèrent au Mouvement de la jeunesse catholique de France.
D'autres petits groupes indépendants sont alignés sur les mêmes
positions : *Iota Unum*, *Credo*, etc. La principale base parisienne
de l'intégrisme est bien sûr l'église Saint-Nicolas-du-Chardonnet,
située en plein Quartier latin. Elle est un bastion traditionaliste
depuis sa prise (de force) en 1977.

Les catholiques traditionalistes qui ont refusé de suivre Mgr Lefebvre dans son schisme de 1988 sont eux aussi très organisés. Les ecclésiastiques se retrouvent au sein de la Fraternité Saint-Pierre. Quant aux laïcs, ils sont solidement encadrés par les Comités Chrétienté-Solidarité, très proches du Front national, et dominés par la forte personnalité de Romain Marie. Parmi les mouvements catholiques non schismatiques, citons encore la Contre-Réforme catholique (de l'abbé de Nantes), Tradition-Famille-Propriété, Tradition et Progrès, ou encore la revue *Itinéraires*, de Jean Madiran, qui fut naguère un précurseur de la tradition. Les traditionalistes favorables au Vatican regroupent en gros les mêmes effectifs que leurs frères ennemis.

Nationaux-conservateurs

Largement présent au sein du Centre national des indépendants d'Yvon Briant, le national-conservatisme domine en conséquence les groupes qui en ont fait sécession : la Fédération nationale des indépendants, de Philippe Malaud, ou l'Union des indépendants, de Jeannou Lacaze. Si maintenant nous sondons les environs du RPR, l'Union nationale interuniversitaire est clairement une passerelle entre droite « respectable » et ultradroite. Syndicat étudiant et lycéen à vocation antimarxiste et conservatrice, l'UNI a été créée en réaction au développement du gauchisme à l'université vers la fin des années 60. Elle est largement contrôlée par les militants gaullistes. Elle s'est toutefois nettement radicalisée depuis la montée du Front national. Le Mouvement Initiative et Liberté est d'une tout autre nature : il est littéralement né des cendres du fameux Service d'action civique (SAC), dissous en 1982 après la tuerie d'Auriol. Il est cependant loin de posséder les moyens dont disposait feu le SAC. Il se contente en général d'impulser des campagnes d'affichage (contre la drogue, ou pour l'arrêt de l'immigration) en liaison avec l'UNI. Il y a aussi tout autour du Front national de nombreuses associations populistes, qui font de la lutte anti-immigration leur cheval de bataille. C'est notamment le cas de « Trop d'Immigrés - La France aux Français », qui est animée par Louis Girard, depuis la petite commune de Deuil-la-Barre.

NOTES

1. Cofondateur du Groupe de recherches et d'études sur la civilisation européenne (GRECE), Jean-Claude Valla tient dans *le Choc du mois* une rubrique régulière : «Les carnets de voyage en Absurdie».

2. Le candidat de toutes les droites extrêmes rassemble 5,27 % des suffrages.

3. Il s'agit probablement de Roger Holeindre, aujourd'hui membre du bureau politique du Front national, et dirigeant du Cercle national des combattants.

4. Notamment *le Monde* du 10 mai, et *Actuel* de juin 1990.

5. Doctrine sociale venue du Canada, le populisme créditiste estime que la monnaie ne doit pas être basée sur l'étalon-or. Proches des néo-nazis, les créditistes se contentent aujourd'hui d'éditer le bulletin *Fragments*.

Le fédéralisme est pour sa part un courant européiste, qui rêve d'une Europe des régions et des ethnies, par-delà les actuelles frontières nationales. Précisons que si certains fédéralistes sont d'extrême droite, d'autres se rapprochent plutôt d'un régionalisme de gauche.

Quant au bonapartisme, il regroupe les rares zélateurs de Napolon Ier, ou même de Napoléon III. Mais l'actuel héritier des Bonaparte a fait savoir publiquement qu'il ne briguait en aucune façon le «trône». Le bonapartisme ressemble plus à une amicale d'historiens qu'à un mouvement politique.

Le larouchisme, enfin, est un courant international, né aux États-Unis, et fondé sur les théories d'un ancien militant trotskiste, Lyndon LaRouche Jr. Cette tendance, qui prône tout à la fois la mise en quarantaine des sidéens, l'industrialisation de la Lune et l'interdiction de la musique rock, paraît en fait totalement inclassable. Le larouchisme est peut-être un populisme outrancier et paranoïaque, mais il ne peut être considéré comme un courant d'extrême droite. Il est représenté en France par le Parti ouvrier européen.

6. Le Front national n'obtient en moyenne pas plus de 2,3 % des suf-

frages. Quant à Jean-Marie Le Pen, il rassemble 5,20 % des voix dans le XVᵉ arrondissement de Paris.

7. On trouvera dans l'annexe n° 2 (p. 208) la liste des principaux membres du conseil scientifique.

8. Le Rassemblement européen de la liberté est créé en 1966 par d'anciens militants du Mouvement nationaliste du progrès, lui-même issu d'Europe-Action. Le fondateur d'Europe-Action et du MNP, Dominique Venner, dirige d'ailleurs le REL. La petite formation se met en sommeil en 1970. Son héritage est maintenu par le Parti nationaliste français et par la revue *Militant*, fondée à l'époque du REL, et devenue l'organe central du PNF.

9. Fondé sur les cendres de la Fédération des étudiants nationalistes, le Centre de documentation politique et universitaire se réclamait ouvertement du fascisme. On lui doit d'ailleurs un texte théorique, largement étudié au sein du courant nationaliste révolutionnaire : *Principes d'action fasciste* (réédité par les Éditions Ars en 1990).

10. Précisons que l'appellation « traditionaliste révolutionnaire » est elle-même fort discutée. Philippe Baillet la récuse avec force dans le numéro de l'hiver 1990-1991 de *Sol invictus* : « Nous ne devons pas céder aux suggestions de l'ennemi, par exemple en cherchant à dissoudre le poison révolutionnaire dans le nectar de la Tradition, tels ceux qui parlent d'œuvrer... à la ''révolution traditionnelle'' de demain. »

11. Né en 1898, mort en 1974, Julius Evola est considéré comme l'un des principaux théoriciens d'extrême droite italiens. Plus de vingt livres ont été traduits en français, parmi lesquels *Révolte contre le monde moderne, le Fascisme vu de droite, Chevaucher le tigre, les Hommes au milieu des ruines, la Doctrine aryenne de lutte et de victoire*. Penseur traditionaliste, il fut aussi l'auteur de nombreux ouvrages ésotériques, proches des travaux de René Guénon : *la Doctrine de l'éveil, Orient et Occident, le Yoga tantrique, la Tradition hermétique, Méditations du haut des cimes*. Fasciste de la première heure, Evola avait auparavant flirté avec le dadaïsme.

12. Né en 1886, mort en 1951, René Guénon est considéré comme le principal penseur du traditionalisme. Il a écrit de nombreux ouvrages, dont : *Aperçus sur l'initiation, Le Symbolisme de la Croix, la Crise du monde moderne, les États multiples de l'Être, Le Règne de la quantité et le signe des temps, Autorité spirituelle et Pouvoir temporel*, etc. Dans *Explorations*, Julius Evola écrit que « Guénon appartient de plein droit à la culture de droite. Chez lui, la négation de tout ce qui est démocratie, socialisme, et individualisme dissolvant est radicale » (éditions Pardès, 1989). Toutefois, Guénon a toujours refusé d'entrer dans l'arène. Son parcours personnel relève plus d'une quête spirituelle que d'une recherche politique : tout en adhérant fugitivement à plusieurs mouvements spiritualistes (franc-maçonnerie, théosophie...), il se convertit à l'islam en 1912, et s'installe définitivement au Caire à partir de 1930. En tout état de cause, sa pensée est loin d'être réductible à l'étiquette de « droite ».

13. Certains traditionalistes refusent cependant de condamner le catho-

licisme. Il y a pour eux dans la doctrine catholique un substrat traditionnel. Faut-il y voir l'écho amoindri d'un certain paganisme ? Quoi qu'il en soit, le catholicisme représente dans leur esprit un « moindre mal », et, surtout, une spiritualité pour le grand nombre, par opposition à l'initiation traditionnelle, réservée à l'élite.

14. L'expression « Ventennio » désigne les vingt ans de règne du fascisme italien. Quand à l'éphémère République sociale italienne, elle régna à Salo, juste avant la libération totale de l'Italie.

15. En ce qui concerne l'Union nationale interuniversitaire, on se reportera à l'annexe n° 3, paragraphe sur les « nationaux-conservateurs ».

16. Rappelons que le GRECE se définit comme païen et rejette le judéo-christianisme, qui lui semble étranger à la culture européenne. Alain de Benoist est d'ailleurs l'auteur d'un livre au titre sans équivoque : *Comment peut-on être païen ?*

17. Francis Parker Yockey (1917-1960) fut l'un des premiers théoriciens néo-fascistes américains de l'après-guerre. Il est notamment l'auteur, sous le pseudonyme d'Ulrick Varange, d'un livre aujourd'hui recherché : *Imperium*. Précisons que Yockey, qui était procureur à Detroit jusqu'en 1944, fut curieusement nommé substitut du procureur général au procès de Nuremberg. Mais il refusa cette charge par solidarité avec l'Allemagne hitlérienne.

18. Fondé le 11 novembre 1925, le Faisceau de Georges Valois est historiquement considéré comme le premier parti fasciste français.

BIBLIOGRAPHIE

RÉFÉRENCES D'ENSEMBLE

ALGAZY (Joseph), *la Tentation néo-fasciste en France 1944-1965*, Fayard, 1984.

ALGAZY (Joseph), *l'Extrême Droite en France*, L'Harmattan, 1989.

AMAUDRUZ (G.-A.), *Nous autres racistes, manifeste du Nouvel Ordre européen*, Éditions Celtiques, 1971.

BARDÈCHE (Maurice), *Sparte et les Sudistes*, Les Sept Couleurs, 1969.

BENOIST (Alain de), *Vu de droite*, Copernic, 1977.

BENOIST (Alain de), *les Idées à l'endroit*, Éditions libres Hallier, 1979.

BENOIST (Alain de), *Europe-Tiers Monde même combat*, Albin Michel, 1986.

BERESNIAK (Daniel), *les Cavaliers noirs de l'ésotérisme*, Detrad, 1988.

BERESNIAK (Daniel), *la Franc-Maçonnerie*, Jacques Grancher, 1988.

BERGERON (Francis) et VILGIER (Philippe), *Guide de l'homme de droite à Paris*, Éditions du Trident, 1987.

BILLIG (Michael), *l'Internationale raciste*, François Maspero, 1981.

BOYER (Jean-François), *l'Empire Moon*, La Découverte, 1986.

BRIGOULEIX (Bernard), *l'Extrême Droite en France*, Fayolle, 1977.

CHAIROFF (Patrice), *Dossier néonazisme*, Ramsay, 1977.

CHIROUX (René), *l'Extrême Droite sous la Vᵉ République*, Librairie générale de droit et de jurisprudence, 1974.

COSTON (Henry), *Dictionnaire de la politique française*, tomes I, II et III, Publications Henry Coston.

DUPRAT (François), *les Journées de Mai 68, les dessous d'une révolution*, Nouvelles Éditions latines, 1969.

DUPRAT (François), *les Mouvements d'extrême droite en France depuis 1944*, Albatros, 1972.

EVOLA (Julius), *Révolte contre le monde moderne*, Éditions de l'Homme.

EVOLA (Julius), *le Fascisme vu de droite*, Éditions Totalité, 1981.

EVOLA (Julius), *Chevaucher le tigre*, Guy Tredaniel, 1982.

EVOLA (Julius), *Explorations*, Pardès, 1989.

HOFFMANN (Stanley), *le Mouvement Poujade*, Armand Colin, 1956.

LAURENT (Frédéric), *l'Orchestre noir*, Stock, 1978.

LE CARON (Hubert), *Dieu est-il antisémite?*, Fideliter, 1987.

LE PEN (Jean-Marie), *La France est de retour*, Carrère-Laffon, 1985.

LE PEN (Jean-Marie), *Pour la France, programme du Front national*, Albatros, 1985.

MAITRON (Jean), *le Mouvement anarchiste en France*, tome II, François Maspero, 1975.

MILZA (Pierre), *Fascisme français*, Flammarion, 1987.

Ordre Nouveau, livre collectif, 1971.

PLENEL (Edwy) et ROLLAT (Alain), *l'Effet Le Pen*, La Découverte, 1984.

RÉMOND (René), *les Droites en France*, Aubier-Montaigne, 1982.

RIALS (Stéphane), *le Légitimisme*, PUF, «Que sais-je?», 1983.

RICHARD (François), *l'Anarchisme de droite dans la littérature contemporaine*, PUF, 1988.

ROLLAT (Alain), *les Hommes de l'extrême droite*, Calmann-Lévy, 1985.

ROMUALDI (Adriano), *Julius Evola, l'homme et l'œuvre*, Guy Tredaniel-Pardès, 1985.

SAUVEUR (Yannick), *Jean-François Thiriart et le national-communautarisme européen*, Éditions Machiavel, 1984 (?).

TAGUIEFF (Pierre-André), *la Force du préjugé*, La Découverte, 1987.

THÉOLLEYRE (Jean-Marc), *les Néo-nazis* (Temps actuels, 1982).

TRISTAN (Anne), *Au Front*, Gallimard, 1987.

WARREN (Raoul de) et LESTRANGE (Aymon de), *les Prétendants au trône de France*, L'Herne, 1990.

Outre de nombreux articles de la grande presse, j'ai également consulté les tracts, brochures et périodiques suivants :

PREMIÈRE PARTIE : L'EXTRÊME DROITE A-T-ELLE CHANGÉ?

Révolution européenne, juin 1989.
Aspects de la France, 23 mai 1968.
L'Élite européenne, novembre 1969.
Défense de l'Occident, numéro spécial sur « Le fascisme dans le monde», octobre-novembre 1970.
Défense de l'Occident, numéro spécial sur « La droite vue d'en face», août-septembre 1974.
La Naf et le gauchisme (brochure de la Nouvelle Action française), 1972.
Arsenal, n° 1 de 1972.
GONDINE (Georges), *la Nouvelle Contestation* (brochure du Cercle culture et liberté pour une Europe libre et unie), 1977.
Lecture et Tradition, mars 1988.
Rebelles, novembre 1988.
Europa-Diaspad, deuxième semestre 1988.
Chrétienté-Solidarité, février 1989.

DEUXIÈME PARTIE : LES MODIFICATIONS LES PLUS APPARENTES

Jeune Immigré (tract de Troisième Voie), 1988.
Présent, 7 juin 1990.
L'Antiracisme, voilà l'ennemi! (tract de l'Œuvre française), 1990.
Le pouvoir est coupable (tract du mouvement Occident), mai 1968.
Action nationaliste, février 1970.
Lectures françaises, avril 1974.
Un Front de la jeunesse, pourquoi? (tract du Front de la jeunesse), 1977.
L'Europe réelle, février 1975.
La France, connais pas! Pour changer la vie, Coca-Cola! (tract de la Nouvelle Action française), 1975.
Jeune Garde solidariste, avril 1975.
Jeune Garde solidariste, mai 1975.
Jeune Garde solidariste, août 1975.
Nouvelle École, numéro sur l'Amérique, 1979.

Volonté européenne, automne 1986.

Pour une nouvelle droite politique (brochure du Parti des forces nouvelles), 1979.

Espace nouveau, mai 1990.

Partisan, février 1990.

Éléments, printemps 1985.

Volonté européenne, hiver 1986.

Aspects de la France, 12 avril 1990.

Europe, troisième Rome (brochure de l'Institut de documentation et d'études européennes), 1988.

Totalité, hiver 1986.

Le Choc du mois, juillet 1990.

La France debout, décembre 1988.

Nationalisme et République, été 1990.

Prométhée déchaîné, juin 1986.

Reconquête, avril 1989.

Le Choc du mois, mars 1989.

TROISIÈME PARTIE : LE PAYSAGE IDÉOLOGIQUE

FRONTISME

DUPRAT (François), « Le néo-fascisme en France en 1973 » (*Cahiers européens*, n° 1, 1973).

GRIOTTERAY (Alain), *Le Pen, phénomène durable ou accident ?* (tiré à part de *la Revue des Deux Mondes*, août 1984).

Contre-Attaque, septembre 1987.

Dix bonnes raisons de voter Le Pen (tract du Front national), 1988.

Identité, mai-juin 1990.

National-Hebdo, 23 mars 1989.

Le Choc du mois, janvier 1990.

Le Choc du mois, mai 1990.

Le Choc du mois, juin 1990.

La Lettre de Jean-Marie Le Pen, 1er octobre 1987.

Identité, juillet 1989.

Lettre d'information du Club de l'Horloge, 6 octobre 1989.

NÉODROITISME

Lectures françaises, mai-juin 1968.
Pour un gramscisme de droite (brochure du GRECE), 1982.
Cahiers européens, juin 1988.
Le Druidisme, janvier 1989.

NATIONALISME RÉVOLUTIONNAIRE

Troisième Voie : un combat pour la révolution européenne (tract de Troisième Voie), 1988.
Espace nouveau, mars 1990.
Les 19 Points (brochure de Troisième Voie), 1979.
L'Œuvre Bruitiste (tract de 1988).
Troisième Voie, juillet 1986.

NATIONAL-COMMUNISME

Manifeste du Partisan européen (brochure de 1989).
De Jeune-Europe aux Brigades rouges (brochure des Éditions Ars), 1990.
SAUVEUR (Yannick), *Jean-François Thiriart et le national-communautarisme européen*, Éditions Machiavel, 1984 (?).
Conscience européenne, décembre 1986.
Esquisse du communautarisme (brochure du Parti communautaire national-européen) 1986.
Le Partisan européen, janvier-février 1987.
Forces nouvelles, mars 1990.

TRADITIONALISME RÉVOLUTIONNAIRE

Sol invictus, hiver 1987-1988.
Sol invictus, été 1989.
Sol invictus, hiver 1990-1991.
L'Âge d'or, hiver 1983.
Krisis, septembre 1989.
Krisis, été 1988.
Politica hermetica, 1987.
Kalki, décembre 1987.

ANARCHISME DE DROITE

Éléments, Noël 1988.
MICBERTH (Michel-Georges), *Petite Somme contre les Gentils*, Res Universalis, 1986.
EVOLA (Julius), «La jeunesse, les beats et les anarchistes de droite», *Totalité*, n° 12.

NATIONALISME CLASSIQUE

L'Œuvre française (brochure publiée à l'issue du congrès de 1983).
Parti nationaliste français (brochure publiée à l'occasion du conseil national de 1990).

NÉO-NAZISME

Programme de la Fédération d'action nationale et européenne (brochure publiée en 1979).
Programme en 25 points du Parti nationaliste français et européen (tract de 1988).
Devenir européen, hiver 1975.
L'Action européenne, 15 octobre 1971.

ROYALISME

Aspects de la France, numéro hors série de l'été 1987.
Feu follet, hiver 1986-1987.
Feu follet, septembre 1988.
Feu follet, décembre 1988.
Aspects de la France, 3 octobre 1990.
Sortir du système (tract de la Restauration nationale), 1989.
Aspects de la France, 28 décembre 1989.
Qu'est-ce que le Mouvement chouan (brochure de l'été 1987).
Feuille d'information légitimiste, janvier 1990.
Feuille d'information légitimiste, mai-juin 1990.
Feuille d'information légitimiste, avril 1990.

TRADITIONALISME CATHOLIQUE

FLICHY (abbé Marc), *Lettre à Mgr Jean-Charles Thomas sur l'inté-grisme* (brochure de 1988).
Le Choc du mois, septembre 1988.
Fideliter, mai-juin 1988.
Concile de Trente, le saint-sacrifice de la messe (brochure de 1982 [Enseignements pontificaux]).
Forts dans la Foi (tract de 1978).
Contre-Réforme catholique, décembre 1975.

NATIONAL-CONSERVATISME

Alliance républicaine, été 1968.
Lectures françaises, juin-juillet 1967.

Je remercie vivement Rex Bloomstein,
Sophie, et Bernard Louis.

Merci également à Aurélie Carré, Pierre Robin,
Sylvain Roussillon et Olivier Lambert-Tramond.

INDEX

TABLE

Table 235

Ce volume a été composé
par Charente-Photogravure
et achevé d'imprimer
en avril 1991
sur presse Cameron
dans les ateliers de la SEPC
à Saint-Amand-Montrond (Cher)